Educar sin horario

Educar sin horario

Guía para enseñar en casa lo que no se enseña en la escuela

Mirian Galán

Primera edición en esta colección: marzo de 2025

© Mirian Galán, 2025
© de la presente edición: Plataforma Editorial, 2025

Plataforma Editorial
c/ Muntaner, 269, entlo. 1.ª – 08021 Barcelona
Tel.: (+34) 93 494 79 99
www.plataformaeditorial.com
info@plataformaeditorial.com

Depósito legal: B 2211-2025
ISBN: 979-13-87568-33-7
IBIC: JN

Printed in Spain – Impreso en España

Diseño de cubierta:
Pilar Eme

Realización de cubierta:
Grafime, S.L.

Fotocomposición:
gama, sl

El papel que se ha utilizado para imprimir este libro proviene
de explotaciones forestales controladas, donde se respetan
los valores ecológicos y sociales, y el desarrollo sostenible del bosque.

Impresión:
Romanyà Valls
Capellades (Barcelona)

*A mi familia, a mis padres, a mi hermano y
a mis sobrinos, quienes tanto me enseñan
y de los que aprendo cada día.*

*A mi marido, por apoyarme siempre
en mis locuras educativas.*

*A mis amigos y amigas, por acompañarme
en todas las misiones de investigación.*

*A todos los expertos que han colaborado
en el libro con tanta ilusión.*

*Gracias de corazón, porque la educación es eso:
poner un hilo rojo de corazón a corazón.*

Índice

Educar sin horario

Lunes.
Introducción

Mis mayores maestros han sido mis padres. Son mis maestros de vida. Ellos me han enseñado a ser empática y filantrópica, a realizar tareas como planchar o cambiar una bombilla, cocinar de manera saludable y a la vez divertida, cuidar mi cuerpo y mi salud mental... Y es que la educación no tiene horarios; recuerda que no solo las matemáticas son un aprendizaje, y que tu hijo deberá aprender a ser un adulto sano en una sociedad estresante y repleta de novedades y nuevas oportunidades.

Educar sin horario no es el típico libro guía para padres o educadores, sino que se basa en la premisa de que la educación no tiene un horario específico, porque cada minuto es un aprendizaje. Por eso, además, este libro trata esos temas tabúes sobre la infancia que incluso te da vergüenza escribir en el buscador de internet.

He querido usar un lenguaje llano y sin tecnicismos para que todo el mundo lo entienda. Con él aprenderás y, espero, te reirás con las anécdotas que me han ocurrido en el aula a lo largo de más de veinte años. También he incluido muchos «sabías que...» para que reflexiones y, por qué no, investigues más sobre la infancia y la educación de tu hijo o hija.

En *Educar sin horario* aprenderás a ser, como madre o padre, un auténtico mediador del aprendizaje de tu hijo, a convertirte en el apoyo que lo escucha y lo enseña a solucionar problemas por sí mismo, sin que tú se los soluciones. También conocerás los términos de la atención temprana, lo cual te permitirá abordar los signos de alarma que pueden darse en la infancia. Para ello, te enseñaré a hacer ejercicios en casa prácticamente desde el nacimiento.

Asimismo, descubrirás cómo enseñar a tu peque todas esas cosas que te encantaría que se dieran en el cole, pero que puedes enseñarle en casa. Desde aprender a llamar al 112 en caso de emergencia, desarrollar habilidades para hablar en público o entrenar la inteligencia emocional y aprender a gestionar las emociones, hasta tener nociones básicas de nutrición, jugar a ser chef de manera saludable o conocer su cuerpo y ser consciente de la importancia de saber decir «NO me toques» (aunque pensemos que jamás tendrá que utilizarlo, es bueno conocerlo). Para ello, he contado con la colaboración de expertos en cada área, quienes, como auténticos profesores, explican la relevancia de estos temas y proponen actividades para que aprendáis juntos mientras os divertís en familia.

Martes.
Crecer en equidad

María tenía dos manzanas en la mano. Su mamá se le acercó y le preguntó si le daría una. Al momento, la niña mordió una y luego la otra. A la mamá se le congeló la sonrisa, pero trató de no mostrar su decepción. De algún modo, estaba prejuzgando a la pequeña, pues pensaba que quería comerse las dos manzanas. Sin embargo, entonces la niña le pasó una de las manzanas y le dijo: «Toma, mamita, esta es la más dulce».

La igualdad o equidad de género implica que mujeres, hombres, niñas y niños puedan disfrutar de los mismos derechos, recursos, oportunidades y protecciones, por igual y sin distinción.

Para fomentar la equidad en casa, empieza por enseñar a tus hijos a escuchar y a valorar las opiniones de los demás. Evita transmitirles prejuicios, ya sea con palabras o actitudes, y promueve el diálogo abierto para discutir temas importantes o resolver dudas. Crear un ambiente diverso en el que convivan con diferentes realidades también es clave para fomentar su respeto hacia la diversidad.

Además, es fundamental que los invites a participar en las tareas domésticas y que asuman responsabilidades acordes a su edad, ya que así evitas que se perpetúen los estereotipos de género. En este sentido, debes pararte a reflexionar sobre tus propias actitudes y practicar la autocrítica.

1. La diversidad familiar

Según la Organización Mundial de la Salud (OMS), podemos definir la familia como el «conjunto de personas que conviven bajo el mismo techo, organizadas en roles fijos (padre, madre, hermanos, etcétera), con vínculos consanguíneos o no, con un modo de existencia económico y social comunes, con sentimientos afectivos que los unen y aglutinan».

La importancia de que los niños conozcan y comprendan la diversidad familiar se hizo evidente para mí un día en clase, mientras mis alumnos jugaban a las familias con los bebés. Una situación en particular fue muy reveladora: Yoli quería ser papá, pero Dani insistía en que tenía que ser la mamá y en que él sería el papá. Por más que Yoli le repetía que quería ser el padre, Dani seguía sin entender que una niña no fuera la madre y quisiera ser el papá. Al final, Dani terminó siendo el papá de un tigre de peluche, y Yoli, el papá de su bebé. Yoli, pues, pudo ser lo que quiso en su juego y Dani fue capaz de respetar, aceptar y tolerar la elección de su compañera.

El concepto de familia, al igual que la sociedad, ha evolucionado de manera significativa. Así, donde antes predominaba el modelo de la familia nuclear (padre, madre e hijos), en la actualidad convivimos con una amplia diversidad de formas familiares. Por eso, es esencial que, desde pequeños, los niños comprendan y valoren esta diversidad y, para ponértelo fácil y que sepas cómo transmitirle a tu peque que todas son iguales en amor, a continuación describiré los distintos tipos de familias.

Familia sin hijos

Las familias sin hijos son las formadas por una pareja que no tiene descendencia, ya sea por motivos de infertilidad de uno o de ambos o, cada vez con más frecuencia, por una decisión consciente. Esto ocurre sobre todo entre las nuevas generaciones, que optan por no tener hijos por múltiples razones, tanto personales como económicas o sociales. Es importante destacar que el hecho de tener hijos no es un requisito para ser una familia, ya que una pareja, por sí misma, también constituye una familia.

En las aulas de infantil es muy habitual pedir a los niños que lleven fotos de su familia. Esta actividad es una buena manera no solo de que los alumnos reconozcan y valoren su propio núcleo familiar, sino también de que conozcan desde temprana edad la diversidad de estructuras familiares. Personalmente, siempre he participado en esta actividad, porque creo que debemos dar ejemplo. Por eso, cada año llevo mi foto de familia, y, como hace bastante tiempo que me dedico a la educación, esta ha ido variando a lo largo de los años: primero con mis padres y mi hermano; luego con mis padres, mi hermano, mi abuela y mis sobrinos, y actualmente con mi pareja, solo mi pareja y yo. Y es que el concepto de familia es amplio y personal, como demuestra el hecho de que algunas de mis compañeras incluyan en sus fotos a su animal de compañía. Para ellas, ese perro o gato forma parte de su familia.

Clara era una niña de dos años que a menudo traía a clase un perrito de peluche. Durante el juego simbólico, cuando sus compañeros jugaban con muñecos bebés, Clara jugaba con su perrito.

—Clara, ¿quieres un muñeco para darle de comer? —le pregunté.

—No, ya tengo mi perrito.

Para Clara, su peluche no era un juguete, era su familia.

Familia LAT (living apart together)

Las familias LAT están compuestas por parejas que tienen una relación seria y estable, pero que deciden no convivir bajo el mismo techo.

Era el caso de Lara, cuyos padres se habían separado. Un tiempo después, su madre empezó una relación con Paco, quien ya tenía dos hijos. Aunque llevaban bastante tiempo juntos como pareja, y Paco a veces iba a buscar a Lara a la escuela, Paco y la madre de Lara vivían felices cada uno en su propia casa. Sin embargo, para Lara, Paco también formaba parte de su familia.

Familia biparental con hijos

La familia biparental está formada por un padre, una madre y uno o más hijos biológicos. Este modelo es el que más comúnmente se asocia con la idea tradicional de familia, ya que durante mucho tiempo ha sido el predominante en la sociedad.

Un día, mientras los peques entraban al aula, Javi llegó muy inquieto. Su madre me comentó:

—No sé qué le pasa; insiste en que quiere preguntarte algo solo a ti.

—Miri, cuando los niños crecen, ¿viven separados de sus padres?

—Pues normalmente sí.

Entonces se giró hacia su madre y le preguntó:

—¿Y tú adónde irás?

Familia homoparental

Las familias homoparentales están formadas por una pareja del mismo sexo, ya sean dos hombres o dos mujeres, que tienen uno o más hijos. Este modelo familiar ha tenido que luchar contra numerosos prejuicios provocados por la homofobia. Por suerte, a medida que la sociedad avanza, también lo hace la aceptación de estas familias, que son tan válidas como cualquier otra.

Familia monoparental

Las familias monoparentales están compuestas por un único adulto, ya sea hombre o mujer, que asume la crianza de uno o más hijos. Este tipo de familia es, no obstante, más frecuente en el caso de las mujeres, que constituyen las llamadas familias «monomarentales». Estas mujeres han decidido, gracias a los avances de la ciencia, ser madres solteras.

Recuerdo a Mariola, una niña de tres años a la que sus compañeros preguntaban sin cesar por su padre. En esas ocasiones, Mariola siempre respondía: «Tengo una supermamá». Me fascinaba cómo hablaba de su madre, cómo la veía, y también su capacidad para afrontar preguntas con una madurez sorprendente para su edad. Esto demuestra lo importante que es la educación en la primera infancia para normalizar la diversidad familiar y promover una sociedad más inclusiva y respetuosa.

Familia reconstituida o compuesta

Las familias reconstituidas o compuestas son las que se forman con la unión de varias familias biparentales, en general tras un divorcio. En estos casos, los hijos pueden vivir con su madre o su padre y su nueva pareja, quien, a su vez, puede tener hijos propios a cargo. Además, el otro progenitor también puede formar una nueva familia con otra pareja y sus hijos. Esto da lugar a una gran familia compuesta, un gran núcleo familiar en el que conviven hermanos biológicos, hermanastros y padres o padrastros.

Recuerdo cuando Martina trajo sus fotos de familia al aula. Me sorprendió que llevara dos fotos: una en la que aparecía con sus hermanos biológicos, su madre, la pareja de esta y sus hijos, y otra en la que posaba junto a su padre, su pareja y los hijos de esta. Al principio, no sabía bien cómo organizarlo, así que decidí crear un pequeño mural *collage* donde incluimos los nombres de todos los miembros. Martina fue mi mayor ayuda: me decía los nombres de cada uno y me contaba con orgullo que en casa de papá dormía con su nueva hermana, Cayetana, y que en casa de mamá tenía una habitación rosa. Martina era feliz, y siempre tenía historias que compartir con sus compañeros en la asamblea.

Martina le preguntó a su madre:
—¿Tú eres la mamá de papá?
—No, Martina, la mamá de papá es la abuela.

Martina se quedó pensando en silencio, y entonces añadió:

—Ajá, entonces, yo seré la abuela cuando sea mayor.

Familia de acogida

Las familias de acogida ofrecen un hogar temporal a menores en situación de necesidad. Estas familias son cuidadosamente evaluadas y supervisadas para garantizar que los niños vivan en un entorno seguro y adecuado mientras esperan ser adoptados definitivamente o hasta que su familia biológica pueda volver a hacerse cargo de ellos. Aunque la convivencia es temporal, su rol es clave, ya que proporcionan estabilidad y cariño en momentos delicados para estos niños.

Familia adoptiva

Las familias adoptivas asumen el rol parental de manera definitiva, y brindan amor y cuidan a niños que, por diferentes razones, no pueden crecer con su familia biológica. Muchas familias optan por la adopción por problemas de fertilidad o como una decisión personal basada en sus convicciones.

Recuerdo cuando Mario, emocionado, me dijo: «Profe, de mayor quiero ser china, como Sofía». A Mario le había fascinado la historia que había contado la familia de Sofía durante el día de las familias sobre la adopción de la niña.

Contaron cómo viajaron hasta China para convertirse en sus papás, y Mario no dejaba de pensar en ese maravilloso viaje, que para él era una aventura increíble.

Familia extensa

Las familias extensas están formadas por varios miembros de una misma familia que conviven en el mismo hogar. Este tipo de familia puede incluir a padres, hijos y abuelos, o a padres, hijos y tíos, o incluso puede darse el caso de sobrinos que viven con sus tíos y primos.

Un caso particular que para mí puede incluirse dentro de las familias extensas es el de las basadas en el poliamor. Estas relaciones, caracterizadas por no ser exclusivas, permiten mantener relaciones románticas con más de una persona a la vez e incluso la convivencia de múltiples adultos que se aman entre sí y que crían hijos en común. Así, por ejemplo, una familia poliamorosa puede estar formada por dos hombres y una mujer, por dos mujeres y un hombre o por cuatro personas.

Siempre hago una entrevista inicial a las familias para conocer mejor a los peques que formarán parte de mi clase. En el caso de Mayka, a su entrevista vinieron cuatro adultos, dos hombres y dos mujeres, de modo que, sorprendida, les pregunté varias veces cuál era el papel que cada uno ocupaba en la vida de la niña. Al fin, se presentaron. Una de las mujeres dijo: «Soy su madre biológica», y la otra: «Yo su madre», y los dos hombres dijeron al unísono: «Y nosotros sus padres», y uno añadió: «No sabemos cuál de los dos es el padre biológico, pero en los papeles legales aparezco yo como padre».

Me contaron que eran una familia nacida del poliamor, y lo que comenzó como una entrevista rutinaria acabó siendo una conversación enriquecedora sobre su bonita historia. Todos tenían anécdotas entrañables sobre Mayka y sobre el embarazo de la madre biológica, lo que me permitió entender mejor la diversidad de su núcleo familiar. En el aula, sus compañeros siempre entendieron que Mayka tenía dos mamás y dos papás; para ellos era tan natural como cualquier otra familia.

Esta historia pone de manifiesto la importancia de normalizar los nuevos modelos familiares desde la infancia. La familia tiene un impacto profundo en el desarrollo de los niños, e influye en su conducta, sus actitudes y sus relaciones. Así, un niño que crece en un entorno donde se fomentan el respeto y la aceptación de la diferencia es más probable que desarrolle una actitud positiva y se comporte de forma adecuada con los demás.

Los prejuicios y los estereotipos, en cambio, generan malestar, tanto en quienes los padecen como en quienes los perpetúan. Por eso, normalizar y fomentar el respeto hacia los distintos modelos de familia es fundamental, para los adultos y para los niños.

Actividades para enseñar sobre la diversidad familiar

Supermemoria

Este juego incluye cartas con imágenes de diferentes tipos de familias: monoparentales, con dos madres, con dos padres, etcétera, que puedes imprimir y plastificar para usarlas como tarjetones. Las cartas se colocan bocabajo, y el objetivo es levantar dos para ver si coinciden. Si no coinciden, se cambia de turno. Cuando nos toque otra vez, debemos recordar dónde está la pareja de la carta que levantemos. Se puede jugar en solitario o en grupo.

Cuentacuentos

Las librerías y las bibliotecas ofrecen una amplia variedad de cuentos sobre la diversidad familiar.[1] Fomentar y animar a la lectura desde edades tempranas es una forma maravillosa de promover la cultura social, el entendimiento y la empatía hacia los distintos modelos familiares.

Puzles gigantes

La actividad consiste en crear puzles gigantes en los que se representen diversos tipos de familias. Las imágenes se dividirán en varias piezas para que los niños puedan montar el puzle por partes, las cuales, una vez unidas, mostrarán distintas representaciones de la diversidad familiar.

1. Por ejemplo, *Familia significa familia*, de Melissa Marr; *Mamo*, de Marisa Morea y *Un puñado de botones*, de Carmen Parets Luque.

Guante familiar

Esta actividad consiste en dibujar o buscar una foto de la cara (según la edad del niño o de la niña) de todos los miembros de la familia y pegar cada imagen en uno de los dedos del guante. Una vez hecho, podemos jugar con él a partir de la canción *Finger Family song*, la cual nos sirve para trabajar la familia, los números y, además, aprender inglés.

Twister's family

En este juego, se utiliza una ruleta personalizada con diferentes tipos de familias: monoparentales, homoparentales, reconstituidas, de acogida, etcétera, y cada una se asocia con un color. Por ejemplo, azul para las familias monoparentales, amarillo para las homoparentales... Los participantes tienen que girar la ruleta, identificar el color correspondiente al tipo de familia y mover la extremidad indicada en el tablero siguiendo las reglas del clásico *Twister*.

Árbol genealógico

Esta actividad suele realizarse con fotos, lo que permite al niño o a la niña, de una manera visual y sencilla, comprender quién es y de dónde viene.

---

2. Educación afectivo-sexual en la infancia

En una ocasión, la madre de Bea me contó que el día anterior la había visto tocándose los genitales en el salón de casa en presencia de su familia. Ella, que no sabía cómo reaccionar, la regañó: «¡Quita esas manos de ahí, no hagas cochinadas!».

Es normal que una situación como esta te cause pudor o vergüenza, pero debes tener en cuenta que es completamente normal para su edad y forma parte del descubrimiento sexual natural. La exploración del propio cuerpo no tiene edad, al igual que la educación sexual, y, de hecho, el primer paso para disfrutar de una buena salud sexual es reconocer su cuerpo, explorarlo e identificarlo de manera segura y positiva. Esto incluye saber cuáles son las partes del cuerpo que no deben tocar otras personas cuando son pequeños, y comprender y conocer la realidad sexual desde una perspectiva real, alejada de la visión que ofrece la pornografía.

El primer consejo es utilizar la distracción, es decir, desviar su atención hacia otra actividad, ya que quizás ese momento o ese espacio no sean los más adecuados para eso. En este sentido, es fundamental ofrecer un entorno adecuado para la autoexploración, un espacio privado como puede ser su habitación. El momento del baño también puede ser una buena ocasión para fomentar el reconocimiento del propio cuerpo.

Un juego útil para el autorreconocimiento es animar al niño a mirarse en un espejo y a identificar las diferentes partes de su cuerpo mientras las nombra, algo que es capaz de hacer a partir de los dos años. Este tipo de actividades, que suelen formar parte de los juegos tradicionales de aprendizaje, permiten que los niños reconozcan su imagen y asocien palabras con cada parte de su cuerpo. Sin embargo, es muy importante incluir también las partes genitales en este juego, y tratarlas con la misma naturalidad: igual que hablamos de la boca, los ojos o las manos, tenemos que hacerlo del pene, los testículos o la vagina.

Y es que fomentar el reconocimiento y la aceptación del propio cuerpo permite que los niños aprendan a nombrar todas las partes de su cuerpo, incluidos los genitales. También los ayuda a entender que con su cuerpo pueden experimentar sensaciones agradables, a identificar cuáles son y a descubrir qué partes del cuerpo les producen placer. Este aprendizaje, además, les enseña que hay comportamientos aceptados en determinados entornos y otros que no lo son, y que hay que actuar en consecuencia.

«Miri, entonces, yo estaba pegado a mamá... ¿por el cordón militar?».

La educación afectiva y sexual tiene múltiples beneficios, como el desarrollo de las habilidades afectivas y sociales, el fortalecimiento de la identidad sexual, la eliminación de actitudes discriminatorias y la promoción de valores como la igualdad, la responsabilidad y el respeto a la diversidad. Además, algo muy importante: permite a los niños diferenciar entre afecto y abuso desde una temprana edad, así como conocer y aceptar su propio cuerpo.

Una de las principales barreras que limitan la educación sexual durante la infancia es la creencia de que esta se reduce en exclusiva a prácticas coitales. Si nos basamos en esta idea, podemos llegar a negar la existencia de la sexualidad infantil e incluso sostener que hemos de proteger a los peques de cierta información (como la relacionada con la pornografía o la pederastia) para preservar la pureza de su infancia. Sin embargo, es importante que reciban una educación adecuada que les permita identificar y comprender estas realidades, para saber cómo actuar si alguna vez se enfrentan a ellas de forma inesperada.

Etapas de la sexualidad infantil

Para ofrecer una educación afectivo-sexual adecuada, es importante conocer las etapas de la sexualidad infantil y sus principales características, que son las siguientes:

- Es autoerótica. Se basa en la exploración y la observación del propio cuerpo.
- Está motivada por la curiosidad e incluye la manipulación, la observación, el autodescubrimiento y, por supuesto, las famosas preguntas que a menudo generan inquietud entre los padres.
- Está impulsada por el juego a través de la exploración y la imitación.
- No existe un objeto sexual definido.
- Muchos sentimientos y actitudes sexuales en la adultez tienen su origen antes de los cinco años.
- No está centrada en el coito.

La sexualidad es una parte fundamental de nuestra identidad, no solo por su vínculo con la reproducción, sino también como un conjunto de comportamientos y valoraciones que usamos para describirnos a nosotros mismos y para interactuar con nuestro entorno. Así pues, está estrechamente relacionada con nuestra forma de ser, de pensar, de sentir y de relacionarnos tanto con otras personas como con nosotros mismos. En la infancia, la sexualidad forma parte del desarrollo de la identidad, que se manifiesta sobre todo a través de la curiosidad y del juego.

DEL NACIMIENTO A LOS DOS AÑOS

Durante el primer año de vida, la principal fuente de placer para los bebés es la boca. Sus labios, repletos de terminaciones nerviosas sensoriales, les proporcionan satisfacción, agrado y una conexión especial con su madre. Por esta razón, los niños disfrutan cuando maman y les resulta placentero succionar, chuparse los dedos y explorar el mundo llevándose objetos a la boca.

¿Sabías que algunos bebés varones pueden tener erecciones mientras su madre los amamanta? No te alarmes, no se trata de ninguna anomalía. Esto ocurre debido al intenso estímulo neurológico que genera la succión, la cual envía mensajes al cerebro que se interpretan como placer y activan los reflejos sexuales. En

el caso de las niñas lactantes, también puede producir-
se una lubricación vaginal, pero en los niños es un fe-
nómeno más evidente.

Desde el nacimiento, los bebés ya poseen capacidades per-
ceptivas relativamente organizadas, una gran capacidad de
aprendizaje y una orientación social predeterminada que se
manifiesta en dos aspectos principales:

1. Muestran su preferencia por estímulos sociales, como
   la voz, el tacto humano y los rostros. En general, estos
   estímulos siempre se asocian a figuras cercanas, como
   la madre, el padre o personas que son familiares para
   ellos.
2. Tienen una necesidad innata de establecer vínculos
   afectivos duraderos y estrechos con los adultos cerca-
   nos. Por este motivo, durante el primer año, el vínculo con quienes los cuidan es fundamental, como en el
   caso de las maestras de la escuela infantil.

Es muy importante que se establezca una buena
relación con las educadoras de la escuela, ya que tu
hijo forjará vínculos y un apego con las personas que
cuidan de él. Como profesional en este campo, siempre digo que el vínculo es mutuo: tú confías en mí
para que cuide de lo que más quieres y para que for-
me parte de su vida, pero tu hijo también pasará a
formar parte de la mía.

Establecer un vínculo afectivo sólido proporciona al bebé seguridad en sí mismo, lo que favorece su desarrollo adecuado y le permite aprender a ser amado y mimado, y, a la vez, a saber amar al otro.

¿Cómo hacerlo? Hay que atender a sus peticiones con la importancia que merecen y asegurarnos de satisfacer sus necesidades de seguridad. Háblale de todas las partes del cuerpo, nómbralas, enséñaselas. Cuando un peque está nervioso, una simple caricia, un abrazo, una voz suave y cariñosa pueden ayudar a reducir la tensión. Gritar o hablar en un tono muy alto transmite, en cambio, inseguridad.

Entre el año y los dos años, es común que los niños comiencen a jugar y a explorar con sus propios genitales cuando están desnudos; un acto que es fruto de la curiosidad. Como adultos, es importante mostrar tranquilidad y transmitir un mensaje de aceptación y normalidad respecto al sexo. Ten en cuenta que los niños actúan por causa y efecto: si un niño o una niña se mete un dedo en el ojo y se hace daño, no volverá a hacerlo, y, del mismo modo, si obtiene sensaciones agradables al tocar algunas partes de su cuerpo, probablemente le gustará seguir explorando.

A esta edad, como decía, son exploradores y están descubriendo su propio cuerpo, además de que empiezan a reconocer y nombrar sus partes íntimas. En este sentido, es clave enseñarles los nombres correctos de los órganos genitales de cada sexo (pene, vagina, vulva...) y explicarles la relación que tienen con su anatomía como niñas o niños. Debemos evitar el uso de nombres ordinarios o chistosos, ya que recurrir a estos términos puede transmitirles la idea de que la sexualidad no es aceptada culturalmente.

—Vaya, otra vez con los cordones desatados, Marcos —le dije un día a un alumno.

—Ota vez, sí.

—Marcos, al cole debemos traer zapatillas con velcro, porque, si no, la profe tiene que estar todo el día agachada atando cordones.

—Hay que traer *papatos* como los míos, porque, si no, la *pofe* todo el día agachada poniendo *condones* —intervino entonces Lucas.

DE LOS DOS A LOS CINCO AÑOS (APROXIMADAMENTE)

Entre los dos y los tres años, los niños empiezan a ser conscientes de su identidad, primero de género y, más adelante, sexual. Hacia los tres años, ya son capaces de identificarse como niños o niñas. A esta edad aproximadamente, su curiosidad se intensifica, y comienzan a hacer preguntas sobre su propio cuerpo y el de los demás. Muestran interés por conocer el nombre de sus genitales y entender sus funciones. Es importante que no evitemos sus preguntas, y debemos adaptar las explicaciones a su edad. Asimismo, hemos de favorecer que comprendan que ser niño o niña depende de sus genitales y no de las características culturales o de los roles impuestos por la sociedad.

También empiezan a compararse con los adultos y a identificarse con los roles de género. En sus juegos simbólicos, como cuando juegan a los médicos o a las casitas, pueden incluir elementos exploratorios relacionados con su curiosidad sexual. Hacia los cuatro o cinco años, desarrollan el pudor, por lo que evitan mostrarse desnudos ante extraños y manifiestan vergüenza. Además, suelen plantear preguntas como de dónde vienen los bebés o cómo fue su nacimiento, que reflejan su interés por entender más sobre la vida y su origen.

En una asamblea, Jorge me preguntó:

—¿Cómo salí de la barriga de mamá?

—Pues, Jorge, primero salió la cabeza, luego los hombros, y después el cuerpo y las piernas.

—Pero, entonces, ¡¡¡salí roto!!!

Sexualidad en niños y niñas con discapacidad

Los menores con discapacidad psíquica suelen carecer de habilidades para distinguir entre lo público y lo privado. Suelen guiarse por la espontaneidad y no ocultan sus deseos, y les es difícil comprender y respetar las normas sociales. Esta falta de sentido de la privacidad puede provocar situaciones incómodas, tanto para ellos como para su familia.

Por este motivo, es clave enseñarles desde temprana edad a controlar sus impulsos. Así, hay que considerar su sexualidad como una parte natural de su desarrollo que debe ser orientada de manera adecuada. Como adultos, debemos ser conscientes de los retos adicionales que enfrentan estos niños y niñas. Y es que, si no los educamos en comportamientos apropiados para su edad, pueden surgir dificultades en su integración.

Para abordar su educación sexual, hay que adaptar las estrategias y los ritmos de aprendizaje a sus características afectivas y cognitivas, más allá de su edad biológica. El hecho de que, como adulto, reconozcas que la sexualidad también es una dimensión de la personalidad de estos niños y niñas ayudará a fomentar su desarrollo integral y su bienestar emocional.

Objetivos de la educación afectivo-sexual en la infancia

- Ofrecer información adecuada que permita trabajar la prevención del abuso sexual.
- Asegurar un vínculo afectivo que favorezca relaciones de confianza y el aprendizaje de formas de comunicación íntimas.
- Fomentar roles de equidad y evitar situaciones en las que un sexo se aproveche del otro.
- Ayudar a los niños y a las niñas a reconocer y aceptar positivamente su identidad sexual, y promover siempre el respeto por las diferencias.
- Ser adultos resolutivos y conscientes para responder a sus preguntas, tanto directas como indirectas, teniendo en cuenta sus ideas infantiles.

- Establecer un vocabulario adecuado que permita hablar de sexualidad con la misma naturalidad que de cualquier otro tema cotidiano. Así, hay que normalizar el hecho de hablar de este tema en familia.
- Evitar la transmisión de mitos y mentiras relacionadas con la sexualidad.

Mi cuerpo es mío

A partir de los dos o tres años, es un buen momento para empezar a hablar con los niños sobre la prevención del abuso infantil y, para abordar este tema, es fundamental conocer todos los aspectos relacionados con la sexualidad infantil. Si has creado un entorno seguro para el peque, le has enseñado a expresar sus sentimientos, has respondido a sus curiosidades y le has enseñado un vocabulario adecuado para nombrar las partes de su cuerpo, ya habrás sentado las bases para prevenir el abuso sexual.

Asimismo, es importante que siempre demuestres que estás disponible para escuchar y responder a sus inquietudes y que fomentes una comunicación abierta y honesta que se mantenga a lo largo de su crecimiento y desarrollo como persona.

Es esencial también que el niño comprenda que solo hay dos motivos por los que otras personas pueden tocar sus genitales: por higiene o por salud. Por eso, debe saber quiénes tienen derecho a curarlo o a limpiarlo, como el médico, el maestro o los propios padres. En mi clase, cuando van al baño y tengo que limpiarlos, siempre les pido antes permiso, para que tengan claro que es una situación apropiada.

¿Qué hago si alguien quiere tocar mis partes íntimas?

Si te hace esta pregunta, explícale que, aunque conozca a la persona, siempre debe decir que no, porque no es correcto, y contar lo sucedido a mamá, a papá o a un adulto de confianza. Si alguien le dice que no lo cuente o le ofrece regalos o golosinas para comprar su silencio, debe saber que es una señal clara de que algo no está bien. Refuerza la idea de que su cuerpo es suyo y nadie tiene derecho a tocarlo sin su permiso.

Héctor, un niño de dos años, estaba tocándose los testículos en el baño del cole y, en ese momento, me miró y me dijo: «Miri, me ha salido un chichón».

Educar en el respeto al cuerpo

Crea conciencia de lo íntimo y lo privado: ayuda a los niños y a las niñas a entender qué partes del cuerpo son íntimas y privadas. Enséñales también que nadie, ni siquiera familiares o amigos, puede tocarlas sin su permiso, ya que es algo que deben tener interiorizado desde temprana edad para prevenir cualquier forma de abuso. Incluso vosotros, como padres y madres, podéis pedirles permiso al ayudarlos con su higiene.

* **No los obligues a dar besos o abrazos**: las muestras de afecto deben ser siempre voluntarias, incluso aunque se trate de familiares o amigos. Sin embargo, en ocasiones son los propios adultos quienes se acercan a dar un beso al niño o a la niña sin preguntar. Ponerse en el lugar del niño ayuda a entenderlo mejor: ¿te gustaría que alguien desconocido se acercara a darte un beso sin permiso? Aunque en España es habitual saludar con dos besos, lo más educado y respetuoso es ofrecer la mano, con independencia del género. Así pues, antes de forzar una muestra de afecto, pregúntale: «¿Quieres darle un beso?», ya que es muy importante que los niños aprendan desde pequeños que tienen derecho a decir «NO». De este modo, normalizan que nadie puede obligarlos a hacer algo con su cuerpo que no desean y aprenden a establecer límites claros para prevenir posibles abusos.
* **El valor del NO**: como apuntaba, enséñales a decir «NO» con seguridad y firmeza con frases como: «Eso no me gusta», «No me toques», «No quiero que te acerques tanto», «No me voy contigo»... Contarán con una herramienta muy valiosa para el resto de su vida.

- **Los adultos no piden ayuda a los niños**: explícales que los adultos suelen pedir ayuda a otros adultos, no a los niños. Por eso, si alguien desconocido les pide algo, deben consultar primero con sus padres.

- **Ayúdalos a distinguir las formas de tocar «buenas» y las «malas»**: deben aprender la diferencia entre las muestras de afecto positivas, como un abrazo o una pedorreta en la tripa que te da mamá, y comportamientos inapropiados, como muestras afectivas en privado por desconocidos.

- **Explícales la diferencia entre los distintos tipos de secretos**: desde edades tempranas, enséñalos a diferenciar entre secretos «buenos», como una sorpresa para un cumpleaños, y los secretos incómodos, que no deben guardar, sino que deben contar siempre a sus padres.

- **Prohibido grabar a tus hijos**: explícales a tus peques que nadie puede grabarlos sin ropa o haciendo algo que los incomode.

- **Muéstrales que pueden contar contigo**: recuérdales que siempre pueden acudir a ti si alguien no respeta sus límites. Si notas que se sienten incómodos en alguna situación, habla con ellos y ayúdalos a afrontarlo de manera asertiva, e intervén cuando lo consideres necesario, sin miedo a parecer maleducado. Es esencial que les enseñes que los afectos o actos no se cambian por cosas. Por ejemplo, explícales que nadie puede pedirles un beso a cambio de caramelos, y refuérzalo con una frase sencilla: «Los besos no se cambian por cosas». Esto los ayudará a entender que su cuerpo no se puede intercambiar ni «comprar».

• **Hazlos independientes en su higiene y autocuidado**: el cuerpo es vida, y por eso debe ser cuidado. Enseñar a los niños a bañarse, limpiarse al ir al baño, cepillarse los dientes, alimentarse adecuadamente o protegerse del frío o del sol es esencial para fomentar su autonomía. Sin embargo, un error común en muchas familias es no permitirles asumir estas tareas, lo que los vuelve dependientes del cuidado de los adultos. A medida que crecen, los niños desarrollan habilidades que les permiten valerse por sí mismos, por lo que debes ser su guía, y ayudarlos a entrenar estas habilidades y a fomentarlas.

Aprender a bañarse, a vestirse o a limpiarse no solo les da autonomía, sino que también evita la necesidad de que otras personas tengan acceso a su cuerpo, lo cual los protege de posibles contactos abusivos. En mi caso, cuando están aprendiendo a controlar los esfínteres y van al baño, siempre les explico que les limpiaré el culete despacito, ya que no puedo tocarlos, solo limpiarlos, pues sus partes íntimas son suyas y solo suyas. Con este gesto les demuestro que respeto su cuerpo, y que por eso pueden confiar en mí. Por último, ayúdalos a entender que la privacidad es importante, y que por eso hay acciones privadas que se hacen en la intimidad, como ir al baño. Así, pequeños gestos, como llamar a la puerta antes de entrar en el baño, reforzarán su comprensión del respeto hacia su privacidad y la de los demás.

Matías, un niño de tres años, entró en el baño cuando su madre estaba haciendo pis.

—Mamá, ¿llevas las bragas rotas? —le preguntó.

La madre, que ese día llevaba un tanga, le respondió:

—No, cariño, son así.

—Ahhh. ¡Que son con tirantes!

3. Sexo, género y orientación sexual: ¿qué son?

¿Por qué es importante saber qué significan estos conceptos? Porque, seguramente, en algún momento, tu peque querrá hacerse una coleta, pintarse las uñas o ponerse un vestido, o, si es una niña, quizá querrá ponerse calzoncillos o llevar el pelo muy corto. Estos actos forman parte de su modo de explorar y entender quién es, y debemos saber cómo acompañarlos.

Recuerdo a un niño de mi clase que, cada tarde, después de la siesta, me pedía que le hiciera un kiki, una pequeña coleta. Él salía del cole muy feliz con su kiki. Hasta que, un día, su abuelo vino a buscarlo y, al verlo con el kiki, tiró de la coleta como si de un insecto venenoso se tratase. Fue un momento muy triste, y aún más cuando al día siguiente el niño apareció con el pelo rapado. Historias como esta reflejan cómo nuestras ideas sobre el sexo, el género y la identidad sexual pueden influir poderosamente en los más pequeños y nos muestran la importancia de entender estos conceptos. Solo así podremos acompañarlos de un modo adecuado.

Sexo

El sexo se refiere al plano biológico y suele ser la primera etiqueta que nos asignan al nacer, basada en los genitales o en las hormonas. Los seres humanos tenemos dos formas anatómicas diferentes y reconocibles: el masculino y el femenino, que es lo que se conoce como sexo biológico.

Orientación sexual

La orientación sexual hace referencia a la capacidad de cada persona para sentir atracción emocional, afectiva o sexual hacia otras personas, ya sean de un género diferente al suyo, del mismo género o de más de uno. Aunque la lista no es exhaustiva, las orientaciones sexuales más comunes son las siguientes:

- **Heterosexual**: atracción hacia personas del género opuesto.
- **Homosexual**: atracción hacia personas del mismo género (gais y lesbianas).

- **Bisexual**: atracción hacia personas de ambos géneros.
- **Asexual**: ausencia de atracción sexual hacia cualquier individuo.
- **Pansexual**: atracción hacia las personas con independencia de su sexo o género, por lo que a veces se considera una variante de la bisexualidad.
- **Demisexual**: la atracción sexual solo surge tras forjar un vínculo emocional.
- **Antrosexual**: es el caso de las personas que no definen o no conocen su orientación sexual.

Un día en que hablábamos de las diferencias físicas entre niños y niñas, Carmen, una niña de poco más de dos años, comentó:

—¡Es genial ser un humano, aunque a veces desearía ser un hada!

Género

La OMS define el género como «los roles, las características y las oportunidades definidos por la sociedad que se consideran apropiados para los hombres, las mujeres, los niños, las niñas y las personas con identidades no binarias». Asimismo, subraya que, aunque el género está relacionado con las categorías del sexo biológico, no siempre coincide con ellas.

Desde una temprana edad, los niños empiezan a identificar grupos de género. De hecho, entre los dieciocho y los veinticuatro meses, la mayoría puede reconocer y diferenciar a algunas personas como niñas o mujeres y a otras como niños u hombres. En general, alrededor de los tres años, los niños y las niñas tienden a identificar su propio género.

El género no es, pues, solo una construcción social, sino también una experiencia profundamente personal que varía entre individuos. Más allá de las categorías tradicionales de hombre o mujer, existen diversas identidades de género que reflejan cómo cada persona se percibe a sí misma y cómo decide expresarse en sociedad. Entre las más reconocidas se encuentran las siguientes:

- **Cisgénero o cis:** personas cuyo género coincide con el sexo con el que nacieron.
- **Género no binario:** personas que no se identifican con ninguno de los dos géneros tradicionales de hombre o mujer. Dentro de esta categoría se incluyen identidades como género neutro, género fluido o intergénero.
- **Transgénero:** personas cuya identidad de género no coincide con el sexo asignado al nacer. No todas las personas transgénero realizan un proceso de transición; algunas optan por modificar su apariencia o su cuerpo, mientras que otras no necesitan hacerlo.

Lola, una niña de tres años, aseguró: «Cuando sea mayor, si tengo bigote, me llamaré Pedro».

En el caso de los niños y de las niñas, algunos expresan sus sentimientos con claridad desde pequeños, y se identifican sin duda como niños o como niñas. Sin embargo, la mayoría atraviesan fases de exploración del género a través de su manera de vestir, los juguetes que eligen o los juegos de roles. En ocasiones, algunos incluso pueden insistir en que su género no se corresponde con el sexo con el que nacieron. Es importante comprender que esta exploración es una parte natural del desarrollo. Alrededor de los cinco o seis años, la mayoría de los niños suele tener una visión más fija del género y de sus preferencias. No obstante, estos sentimientos suelen volverse más flexibles con el tiempo.

Es importante distinguir entre identidad de género y expresión de género, ya que son conceptos distintos.

- **La identidad de género** es la percepción interna que una persona tiene de sí misma como hombre, mujer, una combinación de ambos o ninguno. Esta identidad no siempre está vinculada a características externas ni al sexo asignado al nacer, y no siempre se traduce en una expresión de género específica.
- **La expresión de género** es la manera en que una persona comunica su identidad de género al mundo a través de su apariencia, comportamiento, ropa o gestos, y puede no coincidir con su identidad de género. En los niños, las conductas y expresiones de género pueden ser, por ejemplo, un comportamiento inesperado en el baño, como una niña que insiste en orinar de pie, o

preferencias de ropa que no se corresponden con lo habitual, como una niña que quiere llevar calzoncillos o un niño al que le gusta ponerse vestidos.

No te apresures en etiquetar a tu hijo. Dale espacio para explorar y expresar sus sentimientos. Con el tiempo, tu hijo te comunicará lo que realmente siente. Déjale libertad para elegir.

Martín, un niño de tres años, venía todos los días al cole con unas braguitas de *Frozen* rosas con un lazo. A veces también llevaba las uñas pintadas de colores, ya que algunos domingos su padre y él se las pintaban juntos. Era maravilloso ver el vínculo que habían creado.

¿Cómo apoyar a un niño trans o que no está conforme con el sexo que le asignaron al nacer? Es fundamental que escuches las preocupaciones de tu hijo sin juzgarlo. Habla con él y hazle preguntas abiertas para comprender cómo se siente y qué necesita de ti. Para ofrecerle tu apoyo, puedes seguir las siguientes recomendaciones:

- Permite que exprese su género en público. Aunque pueda incomodar a otras personas, como familiares mayores con ideas más tradicionales, prioriza el bienestar de tu hijo. Para ello, habla abiertamente con la familia para crear un entorno seguro, y no toleres que ningún miembro de tu familia menosprecie ni ridiculice la expresión de género de tu hijo.

- Fomenta la interacción de tu hijo con personas y actividades inclusivas. Busca entornos donde se respete la diversidad de género, como grupos de amigos, talleres o recursos que refuercen su autoestima.

- Jamás interpretes la expresión de género de tu hijo como un acto de rebeldía, ya que no es una forma de desafiarte, sino una parte auténtica de quién es.

- Nunca avergüences ni castigues a tu hijo. No es bueno en ningún caso, pero todavía menos cuando se trata de su expresión de género, dado que puede tener un impacto negativo duradero en su bienestar emocional.

- Recuerda que la discriminación no es culpa de tu hijo y que él no es responsable de las emociones ni de las opiniones de los demás, algo que es válido en cualquier situación.

- Utiliza siempre un lenguaje positivo y muestra tu aceptación por su identidad y su expresión de género. Dale libertad para expresar sus preferencias; esto fortalecerá su autoestima y permitirá una comunicación sincera entre ambos.

- Deja atrás las expectativas que tenías sobre su futuro. Enfócate, en cambio, en lo que le da alegría y felicidad. Las familias siempre me dicen lo mismo: «Solo quiero que sea feliz», así que conviértelo en tu mantra.

4. Educación para la no violencia de género

La Organización de las Naciones Unidas (ONU) define la violencia de género como «todo acto de violencia basado en el género que tiene como resultado posible o real un daño físico, sexual o psicológico, incluidas las amenazas de dichos actos, la coerción o la privación arbitraria de la libertad, tanto en la vida pública como en la privada».

Desde antes de nacer, a menudo los adultos imponemos a los niños estereotipos de género. Si tenemos una niña, le pintamos la habitación de rosa y le compramos ositos amorosos y muñecas, mientras que, si es un niño, elegimos el color azul para su habitación y le regalamos camiones, coches, balones o superhéroes. No se trata de que esté mal, pero estas elecciones refuerzan las etiquetas: la niña dulce y tranquila frente al niño activo que juega con coches y balones.

Un recurso interesante para romper con esas etiquetas es la habitación Montessori, un espacio diseñado para fomentar la libertad y la autonomía de los niños que se basa en tres principios: simplicidad, belleza y orden. El mobiliario, además, debe estar adaptado a la altura y edad del niño, lo cual le permite explorar y aprender a través de su propio cuerpo.

Es necesario educar a los niños y a las niñas al margen de los roles y los estereotipos que nos impone la sociedad. Para ello, debemos darles las mismas oportunidades, independientemente de su género, y evitar inculcarles diferencias culturales en los juguetes, los colores o los comportamientos.

La comunicación abierta y respetuosa también es clave para prevenir la violencia en el hogar. Además, enseñar habilidades de comunicación efectiva y de resolución de conflictos ayuda a abordar los problemas y los desacuerdos de forma constructiva y a evitar la acumulación de tensiones. La mejor forma de fomentar la igualdad es predicar con el ejemplo. De nada sirve rechazar la discriminación de género en actividades socioeducativas si no lo demostramos con nuestras actitudes cotidianas. Somos la figura de referencia para nuestras hijas y nuestros hijos, su modelo que seguir, de modo que nuestro comportamiento y nuestra manera de actuar les enseñan tanto como nuestras palabras. Así, si les explicamos que hay que respetar las normas de tráfico, pero luego cruzamos con el semáforo en rojo, transmitiremos un mensaje contradictorio: lo que decimos y lo que hacemos no siempre coinciden.

Por ejemplo, imagina esta escena: mamá está en la cocina hablando por teléfono con una amiga mientras prepara la cena y le da de comer al bebé, sentado en su trona, y le comenta a su amiga: «La verdad es que no sé qué hacer para que Carlitos me ayude a poner la mesa». Mientras tanto, el papá de Carlitos está sentado en el sofá viendo la tele y Carlitos juega, sentado a su lado. Los niños, como decía, aprenden de nuestras actitudes, por lo que, si ven que sus referentes masculinos no participan en las tareas del hogar, interiorizan que estas son responsabilidad exclusiva de las mujeres.

Por este motivo, es esencial que fomentemos la corresponsabilidad en las tareas domésticas desde edades tempranas.

Aunque te parezca que tu hijo o hija es demasiado pequeño, es importante que empiece a colaborar en las tareas del hogar, aunque sea con gestos simples como pedirle que tire algo a la basura, que limpie la mesa o se lave las manos, ya que de ese modo percibe las tareas domésticas como una responsabilidad compartida, al margen de los roles de género.

En este sentido, en mi clase con los niños de dos años todos juntos ponemos la mesa y cada uno tiene su responsabilidad: Leyre pone los platos; Diego, los cubiertos; Mateo, los vasos... Todos colaboramos sin etiquetas, y ellos aprenden que estas tareas no son «de niñas» ni «de niños», sino de todos.

Del mismo modo, también el lenguaje que usamos transmite valores. Por eso, debemos evitar frases como «El fútbol es de niños» o «Jugar a las muñecas es de niñas», y apostar por un lenguaje inclusivo, que sitúe a las niñas y a los niños en posición de igualdad. Y es que lo que decimos, la manera en la que nos dirigimos a nuestras hijas y nuestros hijos y las palabras que escogemos moldean su visión del mundo. Así, hablar de manera inclusiva y respetuosa los ayuda a comprender y valorar la riqueza de la diversidad humana. Y recuerda que, como en todo, el refuerzo positivo tiene mucha más fuerza y ofrece mejores resultados que la crítica. Y es que la atención y el afecto son las mejores herramientas para que niñas y niños incorporen los valores de igualdad en su desarrollo.

Las preguntas que deberíamos hacernos son fundamentales: ¿qué significa ser hombre o mujer? ¿Existe una sola forma de serlo? ¿Hay más opciones más allá de estas dos? ¿Cómo educamos a nuestras hijas y nuestros hijos para que crezcan libres de ataduras, respetando y disfrutando felizmente de la diversidad humana? La diversidad humana es rica y compleja, y, aunque no podemos eliminar el machismo de un plumazo, sí que podemos ofrecer otros modelos de convivencia y educarlos para que aprendan a respetar y disfrutar de la diversidad.

—Tú no puedes jugar, eres una chica —dijo Fernando.

Sin embargo, Marta volvió a darle una patada al balón, y entonces Fernando la tiró del pelo y repitió:

—Las chicas no juegan al balón.

Seguramente, Fernando había escuchado esa frase de alguno de sus referentes adultos, y por eso estaba tan convencido de ello, porque nosotros somos su mayor ejemplo, sus primeros *influencers*.

Actividades para la no violencia de género

Cuentos y más cuentos

Es importante que dediques tiempo de calidad para leer cuentos y libros con tus hijas e hijos y que compartas con ellos sus cuentos preferidos, aunque no te parezcan los más educativos, ya que es bueno que tengas en cuenta sus gustos. Después de leerlos, podéis charlar y debatir sobre la historia.

En muchos cuentos tradicionales, el papel de la mujer es de sumisión. Por eso, es fundamental que también les ofrezcas otro tipo de cuentos y libros que muestren una diversidad de personajes y relaciones de igualdad. Un ejemplo de esto es el siguiente cuento, que cambia el rol tradicional de los personajes y convierte a las princesas pacientes a la espera de su príncipe en divertidas y luchadoras guerreras que buscan sus propias oportunidades.

El príncipe Ceniciento, de Babette Cole

El príncipe Ceniciento no parecía un príncipe, porque era bajito, pecoso, sucio y delgado. Tenía tres hermanos grandullones y peludos que siempre se burlaban de él.

Estaban día tras día en la Disco Palacio con unas princesas que eran sus novias. Y el pobre príncipe Ceniciento siempre en casa, limpia que te limpia lo que ellos ensuciaban.

—¡Si pudiera ser fuerte y peludo como mis hermanos! —pensaba junto al fuego, cansado de trabajar.

El sábado por la noche, mientras lavaba calcetines, un hada cochambrosa cayó por la chimenea.

—Se cumplirán todos tus deseos —dijo el hada—. Zis, zis, bum, bic, bac, boche, esta lata vacía será un coche. ¡Bif, baf, bom, bo, bo, bas, a la discoteca irás! ¡Esto no marcha! —añadió el hada.

Había creado un coche de juguete diminuto, y el príncipe no se había movido de la cocina...

—¡Dedo de rata y ojo de tritón salvaje, que tus harapos se conviertan en un traje! —gritó el hada, pero solo consiguió un ridículo bañador de rayas para el príncipe—. Bueno..., ahora cumpliré tu deseo más importante. ¡Serás fuerte y peludo a tope!

Y vaya si era un Ceniciento grande y peludo..., ¡se había convertido en un mono!

—¡Jolines! —dijo el hada—. Ha vuelto a fallar, pero estoy segura de que a medianoche se romperá el hechizo...

Poco se imaginaba el príncipe Ceniciento que era un mono grande y peludo por culpa de aquel error. ¡Él se veía tan guapo...! Y así fue corriendo a la discoteca.

El coche era muy pequeño, pero supo sacarle provecho. Sin embargo, al llegar a aquella disco de príncipes, ¡era tan grande que no pasaba por la puerta! Y decidió volver a casa en autobús.

En la parada había una princesa muy guapa.

—¿A qué hora pasa el autobús? —gruñó, y asustó a la princesa.

Por suerte, dieron las doce, y el príncipe Ceniciento volvió a ser como antes. La princesa creyó que la había salvado al ahuyentar a aquel mono peludo.

—¡Espera! —gritó ella, pero el príncipe Ceniciento era tan tímido que ya había echado a correr. ¡Hasta perdió un calcetín!

Aquella princesa resultó ser la hermosa princesa Lindapasta, que dictó una orden para encontrar al propietario del calcetín. Príncipes de lejanas tierras intentaron ponérselo, pero el calcetín se retorcía y nadie lo conseguía. Los hermanos del príncipe Ceniciento se peleaban por probárselo.

—Que se lo pruebe él —ordenó la princesa, que señaló al príncipe Ceniciento.

—Este mequetrefe no podrá ponérselo —se burlaron sus hermanos.

Pero ¡lo consiguió! La princesa Lindapasta se le declaró al punto. El príncipe Ceniciento se casó con la princesa Lindapasta y fueron felices por siempre jamás.

Juego, juego y más juego

Disfrutar del tiempo de juego con tus hijas e hijos es una buena forma de construir vínculos y educar en igualdad. Ofréceles juegos y disfraces variados, sin importar su sexo, para que exploren sus gustos con libertad, y respeta y reconoce sus elecciones. En este sentido, es clave que nunca los regañes ni infravalores por las actividades que les gustan o por los disfraces que eligen.

También es importante que fomentes el juego libre y espontáneo y que les ofrezcas entretenimientos variados: que jueguen solos, con amigos y amigas, con papá, con mamá o con ambos... Déjate llevar y disfrázate y baila con ellos, ya que, con el juego, los peques experimentan emociones, practican habilidades y descubren sus límites. Así pues, la mejor herramienta para educar en igualdad es jugar, jugar y jugar libremente, sin limitaciones ni etiquetas.

Las posibilidades son infinitas: podemos ponernos un tutú, maquillarnos, pintarnos las uñas, bailar a nuestro estilo, hacernos coletas, disfrazarnos de superhéroes o superheroínas con una capa mágica...

La asamblea familiar o la hoguera

La asamblea familiar es un espacio en el que compartir, escuchar y conectar en familia, y es perfecto para todas las edades. Un buen momento para ello puede ser la cena, sin distracciones como la televisión. No debemos limitarnos, sin embargo, a aspectos organizativos y de funcionamiento, sino también prestar atención a la parte emocional de cada uno. Para ello, es clave que tengamos una actitud de escucha activa y estemos abiertos a dialogar, sin prejuzgar ni despreciar las opiniones de nuestras hijas e hijos. En este sentido, debemos ser capaces de ceder e incorporar propuestas infantiles y no imponer solo lo que las personas adultas consideramos relevante, y, sobre todo, tenemos que dedicarles todo el tiempo que sea necesario.

Por tanto, la asamblea es un momento de reunión en familia en el que todos expresamos nuestros sentimientos, vivencias, gustos, valores, hábitos o normas. Pero, para que este momento sea significativo, podemos hacerlo más divertido y especial, sobre todo si los niños son muy pequeños, si lo transformamos en una «hoguera familiar». Así, podemos sentarnos en círculo alrededor de un fuego de cartón y empezar cantando una canción, igual que hacemos en las escuelas infantiles. Poco a poco, podemos incluir cuestiones relacionadas con la organización de la casa, como que solo veremos la tele quince minutos al día, y llegar a acuerdos. Debemos enseñarles que las diferencias de opinión no son luchas, sino oportunidades para aprender y crecer, por lo que la asamblea debe ser, como decía, un espacio de diálogo donde puedan expresarse con libertad.

Y es que no olvidemos que la forma en la que vivan y practiquen la resolución de conflictos en casa sentará las bases para sus relaciones en el mundo exterior.

Miércoles.
Desarrollo infantil y detección temprana de dificultades

En el mundo de los animales vivía una liebre muy orgullosa y vanidosa que no dejaba de presumir de que ella era el animal más veloz del bosque, y se pasaba el día burlándose de la lentitud de la tortuga.

Un día, a la tortuga se le ocurrió hacerle una apuesta inesperada:

—Liebre, ¿hacemos una carrera? Estoy segura de que puedo ganarte.

La liebre, muy engreída, aceptó al momento la apuesta.

El día de la carrera, todos los animales se reunieron para presenciarla. El búho fue el responsable de marcar los puntos de partida y de llegada.

Y así empezó la carrera: astuta y muy confiada en sí misma, la liebre salió disparada, y dejó a la tortuga muy atrás. Sin embargo, como confiaba en que la tortuga tardaría mucho en alcanzarla, la liebre decidió detenerse a mitad del camino y descansar un rato bajo un frondoso y verde árbol antes de seguir con la carrera. Sin darse cuenta, se quedó profundamente dormida. Mientras tanto, la tortuga siguió caminando, paso a paso, lentamente, pero sin detenerse.

Nadie sabe cuánto tiempo durmió la liebre, pero, cuando se despertó, vio con pavor que la tortuga estaba a tan solo tres pasos de la meta. Desesperada, corrió con todas sus fuerzas, pero ya era demasiado tarde: ¡la tortuga había alcanzado la meta y había ganado la carrera!

1. Atención temprana

A comienzos del siglo xxi, el reconocido *Libro blanco de la atención temprana* definió este concepto como el conjunto de intervenciones dirigidas a la población infantil de entre cero y seis años, así como a sus familias y a su entorno.

En este primer apartado, nos centraremos en los indicadores clave del desarrollo desde el nacimiento hasta los tres años y en los principales logros que alcanzan los bebés en este periodo. Y es que conocer el desarrollo infantil es fundamental para identificar cuanto antes los posibles signos de alarma y actuar así de manera precoz.

Principales logros del nacimiento a los seis meses

DESARROLLO PSICOMOTOR

- Desde el nacimiento, el bebé mueve la cabeza hacia ambos lados cuando está tumbado sobre la espalda.

Aproximadamente a partir de los tres meses, el control de la cabeza se hace más evidente y, a los seis meses, este control se extiende a las extremidades y a gran parte del tronco.

• Agarra objetos a su alcance y comienza a voltearse cuando está bocarriba o bocabajo. Se mantiene sentado con apoyo.

• Al principio, los movimientos de las manos son involuntarios y responden a reflejos innatos. Poco a poco, el bebé mejora la coordinación visual y desarrolla habilidades como tocar, agarrar, soltar y manipular objetos de manera más precisa. También trata de llevarse cosas a la boca.

Desarrollo cognitivo

• A partir del cuarto o quinto mes, repite acciones con objetos que le resultan placenteros, como agitar un sonajero para escuchar su sonido. Estas acciones se perfeccionan progresivamente, a medida que mejora la manipulación de los objetos.

• Desarrolla la capacidad de seguimiento visual de objetos en movimiento y reacciona cuando ve solo una parte de un objeto significativo. En esta etapa, empieza a participar con el adulto en juegos como buscar objetos parcialmente ocultos.

DESARROLLO DEL LENGUAJE

- Desde muy temprano, el bebé discrimina el volumen, el timbre y el tono de los sonidos. Además, es capaz de diferenciar la voz humana, que prefiere frente a otros sonidos. Los ruidos atraen su atención, y de inmediato se vuelve hacia su origen con asombro.

- Aunque inicialmente el llanto es su principal forma de comunicación, pronto comienza a emitir sonidos con distintos tonos para intentar comunicarse. Disfruta escuchándose a sí mismo y responde a los sonidos que emite. A partir del quinto mes, puede comenzar a producir sílabas como *ma, ba, pa, da, ta* o *ga*.

DESARROLLO AFECTIVO, EMOCIONAL Y SOCIAL

- Pronto responde a miradas afectivas y a las sonrisas de personas familiares, y utiliza sonidos para iniciar la interacción y captar la atención del adulto. Además, reacciona y diferencia a sus cuidadores y a los miembros de su familia.

- Imita conductas que ya conoce cuando las observa en un adulto cercano, y disfruta de juegos de interacción que incluyen sonrisas y pequeñas carcajadas.

DESARROLLO DE LA AUTONOMÍA

- Utiliza el llanto para expresar sus necesidades básicas a través del llanto.

- Muestra señales de reconocer el biberón, y extiende las manos hacia él para intentar agarrarlo.
- Acepta el aseo y permite que lo vistan, aunque en ocasiones demuestra que no le agrada.

En una entrevista con una familia para la incorporación de su bebé al aula, un papá me contó orgulloso que su hijo de cuatro meses estaba empezando a caminar. Mi cara reflejó sin duda la sorpresa.

Entonces, sacó del carrito al pequeño Alex y, mientras lo sujetaba de las axilas, lo puso sobre la mesa. El niño, en efecto, parecía que caminaba. La madre no sabía dónde meterse. Con una sonrisa, le expliqué: «Eso, papá, se llama marcha automática».

¿Sabías que esta respuesta puede observarse en el bebé desde el nacimiento, pero en realidad comienza a desarrollarse durante el último trimestre del embarazo? Este reflejo, mediado por el sistema nervioso central, es clave, porque su aparición nos indica que las estructuras cerebrales se están conectando de manera adecuada. Además, se trata de un movimiento que imita el caminar y que, por tanto, prepara al cuerpo para los movimientos que el bebé ejecutará más adelante.

Actividades para promover una atención temprana desde el nacimiento a los seis meses

Desarrollo psicomotor	Tumba al bebé sobre su estómago y coloca en su línea de visión un muñeco que le guste. Guía sus manos para que lo explore y después mueve el muñeco hacia arriba, hacia abajo y hacia los lados.
Desarrollo cognitivo	Juega al cucú-tras tapando y destapando la cara del bebé con un pañuelo ligero. Guía su mano para que agarre el pañuelo y se destape solo la cara.
Desarrollo del lenguaje	Atrae la atención del bebé con sonajeros o campanillas para que gire la cabeza hacia la fuente del sonido.
Desarrollo afectivo y social	Juega al palmas palmitas y dirige las manos del bebé mientras cantas la canción.
Desarrollo de la autonomía	Pon a su alcance un mordedor de anilla redonda para que lo explore y manipule. De vez en cuando, guía su mano para que se lleve el mordedor a la boca.

Principales logros de los siete a los doce meses

DESARROLLO PSICOMOTOR

- Alrededor de los ocho meses, el bebé comienza a arrastrarse y luego se coloca en la posición de gateo. A partir de los once o doce meses, suele caminar agarrado de la mano de un adulto, y logra andar de forma independiente entre los doce y los dieciocho meses.

- Su habilidad de agarre mejora notablemente gracias al control visual. Utiliza el índice y el pulgar para realizar una pinza más precisa, pasa objetos de una mano a otra, les da vueltas, los sacude y golpea, los coge y deja caer, los mete y saca de recipientes...

Julia era superdivertida cuando empezó a gatear. Había aprendido a jugar al escondite con su padre y, claro, en clase había ocasiones en las que se metía bajo las cunas entre risas para esconderse. Yo terminaba en «modo Rambo», arrastrándome con los codos bocabajo para poder cogerla. Aviso para navegantes: cuando empiezan a moverse, poneos ropa cómoda, muy cómoda, lo más cómoda que podáis, esa que admite el modo «pantalón de pelotillas».

Desarrollo cognitivo

- Experimenta con la relación de causa-efecto de sus acciones y progresivamente es capaz de anticiparse a las consecuencias.
- Aumenta la capacidad de atención y concentración durante el juego. Cuando se propone un fin, utiliza los medios a su alcance para conseguirlo. Usa objetos para alcanzar otros más alejados y aprecia las diferentes formas de los objetos.

DESARROLLO DEL LENGUAJE

- Localiza sonidos y responde de forma no verbal a su nombre o a preguntas simples.
- Comprende mensajes sencillos como «coge», «toma» o «ven».
- Comienza a pronunciar palabras como «mama», «papa», «agua» o «pan».

DESARROLLO AFECTIVO, EMOCIONAL Y SOCIAL

- Reacciona a su imagen reflejada en el espejo, y le sonríe y parlotea, aunque no es consciente de que es él mismo.
- Extiende los brazos hacia el adulto para pedirle que lo coja.
- En este periodo, la relación de apego se vuelve evidente: recibe con alegría a las personas conocidas y manifiesta rechazo ante los extraños. Por este motivo, a esta edad, los peques se sienten inseguros y necesitan un tiempo de adaptación en las escuelas infantiles. Sin embargo, el hecho de que no llore cuando se queda en la escuela infantil no significa que tenga algún problema social o afectivo con papá o mamá, sino que es más autónomo e independiente, y se siente seguro en el centro con su educadora.
- Aprende normas sociales, en especial la prohibición, que aprende sobre todo por imitación (recuerda que eres su mayor ejemplo). Aunque le gusta estar con

otros niños, aún no comparte ni intercambia y juega junto a ellos, pero no con ellos.

¿Cuántas veces has escuchado eso de «Comparte con el amigo que no ha traído juguetes al parque»? Seguro que muchas. Ahora te pregunto: ¿cuál es el objeto que más valoras? Imagínate entonces que tu hijo te dice: «Dáselo a esa señora que no conoces de nada y a la que acabas de ver por primera vez». U otro ejemplo que podría darse en el trabajo:

—Hola, ¿me dejas tu ordenador para trabajar hoy? Es que no he traído el mío.

—Es que, si te lo dejo, yo no podré trabajar.

—Ya, bueno, es que tienes que compartir, y yo me he olvidado el mío.

Tienes que entender que, para un niño o una niña, su juguete es su «trabajo», su forma de aprendizaje, su apego seguro. Si no quiere compartir, no lo obligues. Si quieres que tu hijo tenga juguetes en el parque, llévaselos.

Desarrollo de la autonomía

- A partir de los diez u once meses empieza a comer solo con cuchara, o lo intenta. También reconoce los utensilios.
- Colabora en su aseo y participa en el momento de vestirse y desvestirse: estira las piernas e intenta quitarse algunas prendas sencillas, como el gorro o los calcetines.
- Comienza a jugar solo durante periodos cortos de tiempo y colabora en el momento de guardar sus juguetes.

¿Sabías que fomentar la autonomía en el bebé es fundamental para su felicidad? Un niño que aprende a hacer las cosas por sí mismo, como guardar sus juguetes, recoger o limpiar lo que ensucia, se siente más seguro de sí mismo y desarrolla una mayor confianza en sus capacidades.

Actividades para promover una atención temprana entre los siete y los doce meses

Desarrollo psicomotor	Sienta al peque junto a una cesta estable y de lados bajos: el cesto del tesoro. Esta es una herramienta de juego que consiste en una cesta con objetos cotidianos de diferentes texturas, tamaños y materiales que deben ser seguros para los niños y no representar un peligro de asfixia. Muéstrale cómo sacar y meter los objetos y deja que los manipule libremente. En otras ocasiones, puedes incorporar cosas de metal o de madera.
Desarrollo cognitivo	Jugad a las sombras con linternas o lámparas que proyecten imágenes. Las mesas de luz son perfectas para explorar la luz y las cualidades de los objetos, como su color, opacidad o transparencia. Permítele que observe los objetos cotidianos de un modo diferente.

Desarrollo del lenguaje	Proporciona todo tipo de cuentos manipulativos y anima al peque a que pase las páginas mientras los adultos nombráis los personajes y objetos que aparecen. Celebra cualquier intento de sonido como si hubiera pronunciado la palabra. Además, podéis emitir onomatopeyas de animales u objetos que aparezcan en el cuento.
Desarrollo afectivo y social	Frente a un espejo, interpretad estados emocionales con el niño o con la niña. Cuando algo le disguste, ponga cara de enfado o haga pucheros, nombra la emoción que esté sintiendo.
Desarrollo de la autonomía	Pon trozos de fruta en un plato y anima al peque a que los coja con las manos y se los lleve a la boca. Por eso, la alimentación BLW (*baby-led weaning*, un método con el que el bebé solo come alimentos sólidos en trozos) es una buena opción, porque promueve su autonomía desde muy pequeños.

SIGNOS DE ALARMA

1. Cuando cumple un año, todavía no se mantiene sentado sin apoyo.
2. No es capaz de sujetar objetos con las dos manos.

3. No sonríe a las personas conocidas.
4. No se interesa por lo que lo rodea.
5. No emite ningún sonido para atraer la atención.
6. Nunca llora ni protesta ante la ausencia de personas cercanas y familiares.

Principales logros del año a los dos años

DESARROLLO PSICOMOTOR

* Es capaz de arrastrar y empujar objetos, y sube escaleras con ayuda.
* Utiliza la pinza con los dedos índice y pulgar con movimientos cada vez más precisos.
* Consolida la marcha autónoma y muestra seguridad y dominio del equilibrio. A partir de los dos años, se observan pequeñas carreras y la habilidad de agacharse a recoger objetos del suelo sin ayuda ni apoyo y de levantarse con agilidad.
* Explora objetos manipulativos con precisión y aumenta su curiosidad e interés, lo que favorecerá su desarrollo.

Si tienes un niño de entre uno y dos años, puedes dejar el *crossfit*; un rato jugando con él es mejor que una sesión de gimnasio. Lo de «pequeñas carreras» es una forma bonita de endulzarlo, así que hazte con unas deportivas y prepárate para correr. Un aula con niños de uno a dos años es como una sala llena de minions, pero de los morados, no de los amarillos.

DESARROLLO COGNITIVO

- Es capaz de imitar y representar objetos o personajes ausentes, y, hacia el final del periodo, inicia el juego simbólico. Este tipo de juego, también conocido como juego de representación o juego de imaginación, es aquel en el que los niños usan objetos o acciones para representar otras cosas. Por ejemplo, un trozo de madera puede usarse como si fuera un teléfono o un automóvil. Este juego les permite anticipar acciones y sus consecuencias.
- Comienza a usar cuantificadores no numéricos, como «muchos», «pocos», «algunos», y los aplica en sus actividades.

DESARROLLO DEL LENGUAJE

- Avanza notablemente en la comprensión y responde con precisión a los mensajes orales que le dirigimos, ya sea para atender nuestras peticiones o requerimientos o para rechazarlos y oponerse a ellos. Aparece el NO como expresión de oposición, lo que demuestra que nos ha entendido.
- Es capaz de seguir un cuento que tenga argumento sencillo, y vemos que se interesa por el relato con cierta concentración.

Una profe le dijo a Daniela, de dos años:

—Daniela, por favor, deja de molestar a tu compañero. Daniela, a la de uno, a la de dos...

—¿En el tres qué pasa? —soltó ella.

DESARROLLO AFECTIVO, EMOCIONAL Y SOCIAL

• Expresa estados emocionales y sentimientos y los reconoce en otras personas. Disfruta de las relaciones afectivas sanas, y muestra su cariño con abrazos o besos, aunque las frustraciones son comunes.

• Muestra interés por relacionarse con sus iguales e inicia juegos colectivos simples.

• Cada vez es más tolerante a la relación con nuevas personas.

DESARROLLO DE LA AUTONOMÍA

• Para que desarrolle progresivamente una mayor independencia, deja que realice acciones por sí mismo.

• Empieza a manejar la cuchara y el vaso con mayor destreza, y acepta colaborar en las labores del hogar o de clase, como colocar los utensilios de la mesa o recoger los juguetes.

Actividades para promover una atención temprana entre el año y los dos años

Desarrollo psicomotor	Practicad los saltos, y anímalo a saltar cada vez más alto. Dibuja con tiza en el suelo una carretera con curvas (dos líneas paralelas) y jugad a recorrerla sin salirse. Rasgad papel en trocitos cada vez más pequeños. Cread un circuito de obstáculos con cojines o módulos para subir, bajar y moverse por ellos.
Desarrollo cognitivo	Jugad a ensartar bolas de colores en las cuerdas correspondientes según su color. Posteriormente, puedes pedirle al peque que ponga bolas en una cuerda de diferente color, pero sin repetir ninguno. Luego puedes dejar que cree su propio collar creativo para fomentar su expresión artística.
Desarrollo del lenguaje	Cuando le cuentes un cuento ilustrado que conoce y que sepas que le encanta, pregúntale: «¿Qué pasaba en el cuento?», «¿Qué hacía?», «¿Cómo era?». Señala siempre los dibujos y apóyate en ellos.

Desarrollo afectivo y social	Aprovecha cualquier momento del día para hablarle del estado emocional de los demás. Así, cuando veas que alguien llora, se ríe o muestra sorpresa o miedo, nombra esas emociones y habla de ellas.
Desarrollo de la autonomía	Fomenta su colaboración activa en sus hábitos de higiene y cuidado diarios, como lavarse las manos o ponerse los zapatos solo. En función del nivel madurativo, y si lo vemos preparado, podemos iniciar en el control de los esfínteres.

SIGNOS DE ALARMA

1. Al final de la etapa, no anda solo.
2. No señala las principales partes del cuerpo.
3. Nunca se acerca ni muestra interés por jugar con otros niños.
4. No reconoce espacios familiares como la cocina, el baño o el dormitorio.
5. No imita acciones ni emite sonidos conocidos.
6. No responde a su nombre.

En la misma clase tenía a Tania, que cumplía dos años en diciembre, y a Moni, que en enero cumpliría ya tres. Así pues, se llevaban casi un año y, además, Tania tenía un retraso madurativo que impedía que caminara con seguridad. Eso a Moni le extrañaba, y un día me preguntó:

—¿Por qué Tania no anda?

—Recuerda que, igual que en el cuento de la tortuga y la liebre, aunque Tania vaya más despacio, siempre llegará a la meta, como la tortuga.

—Tania es una tortuga *ninja*.

Al final, Moni veía en Tania a una superheroína que cada día intentaba superarse a sí misma, igual que las tortugas *ninja*.

Principales logros de los dos a los tres años

Desarrollo psicomotor

- Alterna caminar con correr y camina por encima de pequeños muros. Salta con ambas piernas y es capaz de saltar más alto, incluso por encima de pequeños objetos.
- Dobla el papel con cierta precisión, mejora el control de la muñeca y la pinza digital, y utiliza los dedos con mayor destreza para pintar y manipular objetos.

Desarrollo cognitivo

- Comienza a crear imágenes mentales de acciones, objetos y sus cualidades. Puede resolver pequeños problemas mediante ensayo y error, sin necesidad de manipulación directa.
- Empieza a comprender las relaciones de causa-efecto basadas en experiencias vividas.

Introducir la robótica y la lógica matemática en esta etapa favorece la educación STEAM (por las siglas en inglés de ciencia, tecnología, ingeniería, arte y matemáticas), un enfoque pedagógico que fomenta el aprendizaje práctico y experimental, y anima a los alumnos a jugar, explorar, experimentar, crear y aprender haciendo.

DESARROLLO DEL LENGUAJE

- Domina el lenguaje verbal, y lo utiliza para reconstruir sucesos pasados, describir objetos y hablar sobre las personas o sobre sí mismo. Además, usa el lenguaje de forma imaginativa, inventando cuentos y narraciones.

- Comienza la etapa de las preguntas, y, aunque inquiere por el nombre de los objetos, lo que más le interesa es la razón de ser, el clásico «¿por qué?». Con este, no solo busca información intelectual, sino también establecer un vínculo afectivo y captar la atención del adulto.

Una forma divertida de disfrutar de esta etapa es responder a sus «¿por qué?» con otra pregunta imaginativa. Así, por ejemplo, si te pregunta: «Mamá, ¿por qué llueve?» (y sigue preguntando: «¿Y por qué?» por mucho que se lo expliques), la respuesta *top* sería: «Si del cielo lloviera comida, ¿qué tipo de comida sería?». A partir de aquí, podéis discutir sobre cuál sería la mejor opción, e incluso qué combinación de platos sería interesante en una tormenta. Sin duda, es una manera divertida de convertir las preguntas de los niños en una larga conversación.

DESARROLLO AFECTIVO, EMOCIONAL Y SOCIAL

* Maneja mejor los episodios de llanto, enfado y frustración. Poco a poco, aprende a soportar su frustración sin alterarse tanto e identifica las situaciones que provocan ciertos estados emocionales.
* Su deseo de imitar a los demás lo impulsa a participar en las tareas de colaboración tanto en casa como en entornos sociales, y empieza a reconocer pautas de convivencia.

DESARROLLO DE LA AUTONOMÍA

* Come sin ayuda, abre y cierra puertas, se sube y baja los pantalones, y se cepilla los dientes solo.
* Logra avances significativos en el control de esfínteres durante el día, aunque el control nocturno puede llevar más tiempo y requerir varios meses adicionales de maduración.

¿Sabías que a los tres años los niños empiezan a entender que tienen fuerza para mover objetos?

Actividades para promover una atención temprana entre los dos y los tres años

Desarrollo psicomotor	Jugad a seguir el ritmo con movimientos corporales. Selecciona una pieza de música clásica y, sentados de forma cómoda sobre cojines o en una alfombra, escuchad la pieza mientras movéis los brazos y el cuerpo, pero tratad de permanecer en silencio. Repetid la audición y moveos libremente con pañuelos, gasas o telas de colores al ritmo de la música.
Desarrollo cognitivo	Realizad puzles y rompecabezas juntos. Empezad por cuatro rompecabezas sencillos de dos piezas de una categoría en concreto (animales, medios de transporte...). A medida que los complete, aumenta progresivamente el número de piezas. También puede hacerse con imágenes de revistas, y ayudarlo a buscar las piezas para completar cada imagen.
Desarrollo del lenguaje	Utiliza marionetas o muñecos para contar un cuento; puedes convertir al niño o a la niña en protagonista si dejas que represente un personaje. Observa con el niño o con la niña las ilustraciones de un cuento nuevo y anímalo para que haga una interpretación libre del cuento a partir de las ilustraciones. A continuación, léele el cuento y deja que observe de nuevo las imágenes.

Desarrollo afectivo y social	Cuando ocurra un conflicto con otros niños, habla sobre ello en ese momento. Enséñale fórmulas de cortesía, como «hola», «buenos días», «por favor», «gracias», «perdón», «adiós»...
Desarrollo de la autonomía	Enséñale a ponerse solo el abrigo. Para facilitárselo, en la escuela infantil colocamos el abrigo abierto y extendido en el suelo frente al peque, con la capucha o el cuello en sus pies. Solo tiene que meter las manos en las mangas y lanzarlo por encima de su cabeza hacia atrás.

SIGNOS DE ALARMA

1. Al finalizar el tercer año, no avisa cuando necesita ir al baño.
2. No comprende órdenes sencillas.
3. No identifica imágenes.
4. Se aísla y no muestra curiosidad por su entorno.
5. Utiliza exclusivamente palabras aisladas, sin conexión entre ellas.
6. No imita trazos sencillos como verticales u horizontales.

2. Cómo detectar las dificultades del aprendizaje entre los tres y los seis años

Entre los tres y seis años, algunos niños pueden presentar ciertos retos que afectan su desarrollo y aprendizaje. Estas dificultades suelen manifestarse en áreas clave, como la autonomía, el lenguaje, la orientación espacio-temporal, las habilidades motoras o el razonamiento matemático, y requieren una detección temprana para poder ofrecerles el apoyo adecuado.

¿Cuáles son las dificultades del aprendizaje en infantil?

FALTA DE AUTONOMÍA

La autonomía es fundamental para fomentar la reflexión sobre el propio aprendizaje y desarrollar la capacidad de aprender a aprender. En general, los niños que tienen pocos hábitos de autonomía suelen tener problemas de aprendizaje y también en sus relaciones con los demás.

Esta situación suele darse por varios motivos: porque el niño se resiste a abandonar su rol de bebé; porque no ha adquirido los hábitos básicos para su desarrollo personal, como comer y vestirse solo, o porque no se le han asignado pequeñas responsabilidades en el hogar, como recoger sus juguetes o preparar la mesa antes de comer.

Cuando la falta de autonomía persiste, puede afectar significativamente al desarrollo global del niño o de la niña.

Esto se traduce en dificultades en áreas clave del aprendizaje, como la lectura y la escritura, así como en conductas estereotipadas y limitaciones sociales que dificultan su interacción y adaptación a diferentes entornos.

Dificultades para expresarse verbalmente

El desarrollo del lenguaje puede variar entre niños, pero es crucial prestar atención a los signos de alarma. Si a los dos años tu hijo o hija no se comunica verbalmente, debes acudir a un especialista.

En algunos casos, los retrasos simples del habla son temporales y pueden resolverse solos o con apoyo de la familia. Para ello, es importante fomentar la comunicación mediante gestos, sonidos, la lectura de cuentos, el juego y la conversación diaria con el niño.

Sin embargo, a veces estas dificultades son un signo de advertencia de un problema más grave, como pérdida auditiva, retraso del desarrollo en otras áreas o incluso un trastorno del espectro autista (TEA). Además, los retrasos en el lenguaje en edades tempranas pueden estar relacionados con futuras dificultades de aprendizaje.

Orientación espacio-temporal y reconocimiento del esquema corporal

Cuando un peque tiene dificultades para reconocer su esquema corporal o para comprender la orientación espacio-temporal, esto puede ser un indicio de un retraso en su maduración neurológica o de problemas de integración perceptiva. Estas dificultades se reflejan en el aprendizaje de conceptos básicos como «aquí y allí» o «cerca y lejos».

PROBLEMAS MOTORES

Con «problemas motores» no me refiero al bebé que tardó en caminar, sino al niño de tres años que muestra torpeza al saltar, correr, subir y bajar escaleras o dar patadas al balón. En algunas ocasiones, estas dificultades pueden deberse a un retraso madurativo causado por falta de estimulación. No obstante, también pueden estar relacionadas con problemas de coordinación, de percepción visomotora o ¡incluso con dificultades visuales!

Carmen se caía continuamente y en ocasiones parecía que tenía dificultades para mantener el equilibrio. Se pasaba el día sentada, y no jugaba en el patio con sus compañeros. Tras una tutoría con la familia, les recomendé acudir al pediatra. Después de varias pruebas, diagnosticaron a Carmen de vértigos. Gracias a la medicación y a unas gafas, la niña mejoró mucho, y no solo en el ámbito motor, sino también en el social y emocional. Carmen estaba feliz, y comenzó a jugar al balón con sus compañeros en el patio.

DIFICULTADES EN EL APRENDIZAJE DE LAS MATEMÁTICAS

En algunos casos, el cerebro del niño aún no está neurológicamente preparado para el desarrollo de las competencias que requiere el pensamiento matemático, como la abstracción, la atención y la ejecución. En este sentido, es clave fomentar desde pequeños la capacidad de resolver conflictos de manera autónoma.

Entre los signos más comunes se encuentran las dificultades para seguir secuencias numéricas, para el razonamiento matemático o para entender el concepto de cantidad (es decir, para añadir, quitar o repartir elementos), unas destrezas clave para desarrollar habilidades de cálculo en etapas posteriores.

Un día le pregunté a Manuel, un niño de cuatro años:

—Manuel, si tengo tres plátanos y dos peras, y los sumo, ¿cuánto tengo?

—¡¡Mucha fruta!! —respondió él.

¿Cómo detectar si un niño tiene una necesidad educativa especial?

Aunque las necesidades educativas especiales pueden ser de varios tipos y tener características específicas, los siguientes indicadores pueden ayudarte a identificar posibles síntomas para consultar con un especialista cuanto antes:

- Sus emociones son exageradas y repetitivas, y se enfada con mucha intensidad.
- No mantiene la mirada y tiene tendencia a abstraerse.
- Falta de autonomía en comparación con otros niños de su edad, de modo que demanda mucha más atención de los padres.
- No sabe cómo interactuar con otros niños y en la mayoría de los casos evita participar en actividades grupales.
- Es impulsivo y no es capaz de prestar atención, incluso durante cortos periodos de tiempo.

Si observas alguno de estos signos, habla con su profe, consulta con el pediatra, y recuerda que cada niño tiene su propio ritmo de aprendizaje, por lo que las edades son solo orientativas.

Jueves.
El rol de mediador
en el aprendizaje de tu hijo

Una niña se encuentra con un león y un unicornio en el bosque. El león miente todos los lunes, los martes y los miércoles, mientras que los otros días dice la verdad. Por su parte, el unicornio miente los jueves, los viernes y los sábados, y el resto de los días de la semana dice la verdad. «Ayer mentí», le dice el león a la niña. «Yo también», dice el unicornio. ¿Qué día es?[2]

1. Cómo ser un mediador en el aprendizaje de tu hijo

Acompañar a los niños durante sus primeros años de aprendizaje es esencial, ya que en esta etapa desarrollan las capacidades que les permitirán afrontar cualquier reto que la vida les presente y crecer como personas.

Francesco Tonucci, pensador, psicopedagogo y autor de varios libros, señala que, según la curva del desarrollo, los

2. Encontrarás la respuesta al acertijo al final del capítulo.

aprendizajes más importantes ocurren antes de los seis años. Por ello, el mayor desafío no es enseñar nuevos conocimientos, sino cuidar y potenciar lo que ya se ha construido durante esos primeros años. En este proceso, el adulto desempeña un papel clave como mediador, ya que su apoyo permite al peque comprender, experimentar y utilizar tanto los objetos a su alrededor como el lenguaje. Con su ayuda, el niño puede alcanzar metas que por sí solo no sería capaz de lograr.

¿Qué pasaría si un niño fuera criado en la selva, como en *El libro de la selva*, la famosa película de dibujos? Pues que, a diferencia de lo que ocurre en la ficción de la película, sin la ayuda de un adulto que lo guiara, ese niño no aprendería ninguna lengua, solo emitiría sonidos básicos para tratar de comunicarse.

Así, la presencia de un mediador o de una mediadora en el aprendizaje marca una gran diferencia: evita errores repetitivos que pueden generar frustración en el niño y, en consecuencia, el abandono de la actividad. Además, fomenta una interacción social gratificante y sitúa al adulto en el papel de un compañero activo en el proceso de aprendizaje.

En esencia, un mediador es un intermediario entre el estímulo que proviene del entorno y la respuesta individual que este genera. Personalmente, me gusta llamarlo guía, ya que refleja mejor su rol de acompañamiento y orientación.

Se llame como se llame, la intervención de un mediador facilita la adquisición de ciertas conductas específicas y lo ayuda a avanzar de manera más efectiva en su desarrollo. En su libro *Herramientas de la mente*, Elena Bodrova y Deborah J. Leong dicen al respecto: «Según la teoría de Vygotsky, los mediadores se convierten en herramientas de la mente cuando el niño las incorpora a su actividad. Al igual que otras herramientas culturales, los mediadores aparecen primero en la actividad compartida y luego el niño se apropia de ellos». Y más adelante añaden: «Los mediadores funcionan como andamios, pues ayudan al niño en su transición del desempeño con la máxima asistencia al desempeño independiente. La meta es retirar los mediadores exteriores o dejar de utilizarlos una vez que el niño haya interiorizado su significado. Los mediadores exteriores son un escalón temporal diseñado para conducir al niño hacia la independencia».

Existen diferentes tipos de mediadores según las necesidades del aprendizaje:

- **Verbales**: estos incluyen el discurso oral y las palabras escritas.
- **Visuales**: se refieren a las imágenes, a los diagramas o a los esquemas que ayudan a clarificar conceptos y a estructurar ideas.
- **Físicos**: son los movimientos o las acciones que desencadenan procesos mentales, como aplaudir para recordar una tarea o marcar un ritmo.

La función del padre o de la madre como mediador es fundamental, ya que permite orientar y estimular la actividad mental constructiva, y proporciona una ayuda pedagógica adaptada a las capacidades del niño. Este rol, especialmente importante durante los primeros años, debe ajustarse a las necesidades y características del pequeño, aunque hay que tener presente que el mediador debe retirarse progresivamente a medida que el niño o la niña adquiere independencia y domina la conducta o la herramienta en cuestión.

Debemos tener en cuenta que el momento adecuado para retirar el mediador puede variar: algunos niños necesitan volver temporalmente al mediador exterior tras un olvido, mientras que otros avanzan rápidamente con solo unos cuantos logros y se alejan pronto del mediador.

En última instancia, enriquecer el proceso educativo requiere la implicación positiva de parte de todos los agentes involucrados en el hecho educativo, entre los cuales se encuentran la escuela, la familia y la comunidad. Sin embargo, el papel protagonista siempre debe recaer en el niño, que es el centro del aprendizaje.

Actividades como mediador del aprendizaje

En infantil

Imaginemos a un niño que todavía no conoce las formas geométricas ni ha desarrollado la motricidad fina necesaria para encajar piezas geométricas en un cubo con agujeros con las respectivas formas. Aquí, el papel del adulto como mediador es clave: puede mostrar primero cómo se hace, y el niño al momento lo imitará. También puede señalar o nombrar el agujero donde va la pieza que el niño sujeta e incluso guiar sus manos para ayudarlo a girar la pieza hasta que encaje correctamente en su sitio.

De este modo, el adulto amplía muchísimo las oportunidades del niño para desenvolverse con éxito, ya que le da confianza y este aprende a partir de la experiencia. Recuerda siempre que eres su mayor ejemplo, su referente, ¡su *influencer*! Si en casa os ven leer, ellos querrán imitaros con sus propios cuentos, «como papá y mamá».

Miguel, un niño de dos años, intentaba resolver un encajable de animales. Antes de empezar, le había nombrado y enseñado cada figura sin sacarla de su lugar. Luego, sacamos todas las piezas y lo montamos juntos por primera vez, de modo que fui su guía y medié en su aprendizaje al mostrarle cómo iban las piezas.

Al cabo de un rato, Miguel exclamó:

—Mi puzle está roto.

—Eso no puede ser, Miguel, acabamos de montarlo...

Miré más de cerca y vi que faltaba una pieza. «Qué raro», pensé. Me fijé entonces en que Miguel escondía la pieza del encajable que faltaba, imaginé que porque no sabía cómo ponerla en su sitio.

—Y el león, ¿dónde está, Miguel?

—En la selva.

En primaria

Acompáñalo y apóyalo cuando realiza sus tareas, ya sean escolares o físicas. Por ejemplo, ayúdalo a organizarse con los deberes, dale la confianza que necesita cuando aprende a montar en bici o anímalo cuando intente retos como subir una montaña o hacer escalada. Además, es importante que también fomentes normas claras en casa que le permitan adquirir responsabilidades y autonomía.

¿Sabes cuántos padres y madres ayudan a sus hijos con los deberes? Aunque el 51 % de los padres aseguraron que los estudiantes deberían hacer sus tareas por su cuenta, el 73 % de los padres respondieron que ayudaban a sus hijos a terminarlas.

Dinámicas en familia

Dar la vuelta a la sábana

Recursos materiales necesarios: una sábana o una manta donde quepan todos los miembros de la familia.

Objetivo principal: fomentar el trabajo en equipo de forma cooperativa y encontrar una solución conjunta en familia.

Pasos a seguir: en primer lugar, estira la sábana o manta en el suelo. A continuación, los miembros de la familia tenéis que colocaros sobre ella y encontrar juntos una solución que os permita darle la vuelta a la sábana o manta sin que ninguno salga de ella. ¡Es muy importante que ningún miembro de la familia pise el suelo! La dinámica termina cuando logréis darle la vuelta a la sábana con éxito.

Inflarse como globos

Recursos materiales necesarios: ninguno o globos (opcional).

Objetivo principal: aprender a calmarse ante una situación de conflicto o estrés.

Pasos que seguir: vamos a inflarnos como globos. Para ello, de pie y con los ojos cerrados, realizad varias respiraciones profundas. Al inhalar, imaginad que sois un globo que se infla y levantad los brazos lentamente. Al exhalar, soltad el aire mientras bajáis los brazos, como un globo que se deshincha. Podéis hacerlo tantas veces como lo necesitéis.

Si usáis globos, mientras los infláis, pensad en todo aquello que os molesta o no os deja crecer e imaginad que lo metéis dentro del globo. Entonces, haced un nudo y pinchad vuestros globos para liberar esas emociones.

Para terminar, colocaos en el suelo en una posición cómoda y dedicad unos minutos a relajaros. A continuación, reflexionad y charlad sobre cómo os habéis sentido y sobre si este ejercicio puede ayudaros en momentos de enfado, tensión o estrés.

2. Prevención y resolución de conflictos en la infancia

Durante la infancia, el conflicto es una parte natural del desarrollo, ya que los niños suelen querer las mismas cosas o tener necesidades diferentes, lo que puede provocar enfados entre los más pequeños. Un conflicto se define como una situación en la que dos individuos con intereses contrapuestos entran en confrontación u oposición. Y, aunque en edades tempranas los conflictos son inevitables, un entorno bien estructurado puede reducir significativamente los desencuentros, ya que, de alguna manera, el caos genera más caos.

No obstante, no hay que impedir que los niños resuelvan sus propias disputas, pues eso puede tener un impacto negativo en su autoestima. Para ello, la educación emocional es una herramienta clave para ayudar a los pequeños a encontrar la solución a los conflictos. Sin embargo, con frecuencia, las soluciones propuestas se limitan a frases como «pídele perdón» o «dale un besito o un abrazo», sin abordar la raíz del problema. Por ese motivo, es muy importante que los padres actúen como mediadores y conozcan estrategias y herramientas efectivas de resolución de conflictos. Así, podrán enseñar estas habilidades a los niños, de modo que estos desarrollen las capacidades necesarias para resolver sus problemas en distintas situaciones.

¿Qué pasaría si, al tener un problema con nuestro banco, apareciera alguien y nos dijera: «Daos un besito» o «Daos un abrazo», o «No discutáis por la hipoteca, hay cosas más importantes»? Seguramente lo miraríamos con incredulidad. Por ello, si queremos que los niños se conviertan en adultos sanos, debemos enseñarles a resolver conflictos de manera adecuada. Para ello, los adultos debemos actuar como mediadores hasta que sean capaces de gestionar sus disputas por sí mismos mediante el diálogo.

Pautas para resolver conflictos

1. *Identificar el problema*: este es el primer paso para abordar cualquier conflicto y, aunque parece sencillo, puede requerir ayuda en el caso de los más pequeños. La idea es que todos los involucrados expresen cuál es el problema y cómo surgió el enfrentamiento para que así lleguen a un entendimiento común que permita encontrar la solución. Sin embargo, en edades tempranas es probable que no logren ponerse de acuerdo, por lo que será suficiente con que cada uno explique su propia versión de lo sucedido.

   ¿Cómo hacerlo? Crea un rincón de la mediación o rincón de la amistad. Para fomentar la resolución de conflictos, debes encontrar un lugar especial, ya sea en casa, en un parque o en cualquier sitio donde nos encontremos. Este rincón debe ser acogedor y atractivo, y ha de estar decorado con colores vivos y dibujos. Además, si es en casa, debe contar con dos sillas, una enfrente de la otra, y, si es fuera, puede ser un banco o bajo un árbol frondoso.

Cuando surja un conflicto, como que un niño se enfade con el otro y le tire un juguete, invitaremos a los niños a sentarse en este espacio. Un adulto, ya sea el padre o la madre, actuará como mediador y los acompañará en el proceso. Entonces, se seguirán las fases de una mediación, adaptadas a niños pequeños: explicaremos las normas que deben respetar (hablarán por turnos, escucharán al otro y no interrumpirán); cada niño contará su versión de lo ocurrido; el adulto resumirá lo sucedido para que ambos lo comprendan; se planteará la pregunta: «¿Cómo podemos solucionarlo?», y, finalmente, se les ofrecerán diferentes soluciones, entre las que elegirán la más adecuada.

2. *Escucha emocional*: es fundamental estar disponibles para que los niños puedan expresar sus emociones y compartir cómo se sintieron cuando surgió el conflicto. En este caso, el adulto debe guiar la conversación con preguntas orientadas a reflexionar sobre el conflicto, como qué hizo el otro niño que no le gustó o qué le habría gustado que hubiera hecho.

Es importante reconocer que, a veces, como padres y madres, no estamos en las mejores condiciones para prestar atención a sus necesidades emocionales. Estamos estresados o cansados y no somos capaces de escuchar a los peques, sus necesidades, sus temores... Por ello, debemos hacer un esfuerzo consciente por brindarles nuestra atención plena.

3. *Empatía*: es esencial que los pequeños aprendan a respetar los turnos de palabra y a dejar que el otro comparta su versión de los hechos. Para ello, deben entender que, independientemente del orden en que hablen, los escucharemos por igual y sus opiniones tendrán la misma importancia para nosotros. En este sentido, debemos recordar que somos su mayor ejemplo, de modo que, si queremos que respeten los turnos de palabra, también debemos hacerlo nosotros.

Hay que tener en cuenta que la empatía no se limita a las palabras, sino que se compone por una serie de habilidades que, en su mayoría, se transmiten a través de la comunicación no verbal: una sonrisa, una caricia, la escucha atenta o mirar a los ojos cuando nos hablan.

4. *Educación emocional*: los pequeños deben entender que expresar emociones como la tristeza o el enfado no es algo malo, sino parte natural de su desarrollo emocional, por lo que pueden llorar o enfadarse. Asimismo, tienen que aprender a reconocer los efectos que estas emociones tienen en ellos mismos, ya que es la clave para que sean capaces de empatizar con los demás.

Así pues, para que puedan solucionar los conflictos, los niños deben comprender que expresar sus emociones siempre es correcto, ya que no existen emociones negativas ni positivas, sino respuestas adaptativas al contexto. Esto los ayuda a normalizar sus sentimientos y a no reprimirlos, lo que facilita una mejor gestión emocional.

Como apuntaba, el adulto mediador debe guiar a los niños a reflexionar cuando estén enfadados, pero también debe mostrarles, desde los primeros conflictos, la importancia de aprender a controlar sus emociones, ya que es esencial para evitar que se produzcan las terribles rabietas.

5. *Buscar soluciones*: el objetivo final es encontrar soluciones consensuadas por los implicados, de manera que ambos se sientan escuchados y aprendan a manejar futuras discusiones constructivamente. Por tanto, este proceso debe servirles de ejemplo y ayudarlos a desarrollar habilidades para resolver conflictos de forma autónoma y respetuosa.

¿Cómo hacerlo? El mediador siempre debe ofrecer varias opciones que sean justas y que beneficien a ambas partes por igual, y permitir que sean ellos quienes conjuntamente escojan la mejor solución.

Mi sobrino Nico, de tres años, había discutido con Adrián, un amigo del cole, por quién se tiraba antes por el tobogán del parque. Adrián lo había empujado para ir primero, y Nico, que se sentía agredido, ya no quería jugar. Pero Adrián aún quería que jugaran juntos, así que los dos estaban enfadados. Entonces les dije:

—Sentaos los dos aquí conmigo, bajo el árbol. Vamos a buscar una solución y, para ello, jugaremos a un juego. Os doy tres opciones: A de abeja, B de burro y C de... ¡¡caca!! —A todos los niños de esta edad les encanta la palabra «caca», así que conseguí la risa fácil. Continué explicando—: Si escogéis la A de abeja, tenéis que tiraros los dos por el tobogán, primero Adrián y después Nico. La B de burro significa que nos quedaremos aquí sentados sin hablarnos, así que nos aburriremos y haremos el burro... Y, finalmente, si elegís la C de... ¡¡caca!!, los dos jugaréis con el cubo y las palas en la arena.

—¡¡LA C DE CACA!! —gritaron al unísono; ambos lo tenían claro.

De modo que les di el cubo y las palas y conseguí que estuvieran jugando más de quince minutos sin que estallara ningún conflicto.

Respuesta al acertijo del principio del capítulo: hoy es jueves. Para que las afirmaciones de los dos animales sean ciertas, uno tiene que mentir, porque no hay ningún día de la semana en el que los dos mientan a la vez. Y el único día en que ambas afirmaciones son ciertas es el jueves: el león dice la verdad al afirmar que ayer miércoles mintió, mientras que el unicornio miente al decir que ayer mintió.

Viernes. Las asignaturas del mejor cole de la vida

Hace años, un inspector visitó una escuela primaria. En su recorrido, observó algo que le llamó poderosamente la atención: una maestra estaba atrincherada detrás de su escritorio mientras entre los alumnos reinaba el caos. El inspector decidió presentarse:

—Permiso, soy el inspector de turno..., ¿algún problema?

—Estoy abrumada, señor, no sé qué hacer con estos chicos... No tengo láminas, el Ministerio no me manda material didáctico, no tengo nada nuevo que mostrarles ni que contarles...

El inspector, que era un docente de alma, vio un corcho en el desordenado escritorio. Lo tomó y con aplomo se dirigió a los chicos:

—¿Qué es esto?

—Un corcho, señor —gritaron los alumnos, sorprendidos.

—Bien. ¿De dónde sale el corcho?

—De una botella, señor. Lo coloca una máquina...

—Del alcornoque, de un árbol...

—De la madera... —respondieron, animosos, los niños.

—¿Y qué se puede hacer con madera? —continuó, entusiasta, el inspector.

—Sillas...

—Una mesa...

—Un barco...

—Bien, tenemos un barco. ¿Quién lo dibuja? Vamos a cantar una canción de un barco: «Un barquitoooo, de cáscara de nuez...». ¿Quién dibuja un mapa en la pizarra y coloca el puerto más cercano para nuestro barquito? Escribid a qué provincia pertenece. ¿Y cuál es el otro puerto más cercano? ¿A qué país corresponde? ¿Qué poeta conocéis que naciera ahí?

Y así comenzó una tarea de geografía, de historia, de arte, de música, de economía, de literatura, de religión...

La maestra quedó impresionada. Al terminar la clase, le dijo, conmovida:

—Señor, nunca olvidaré lo que me enseñó hoy. Muchas gracias.

Al cabo de un tiempo, el inspector volvió a la escuela y buscó a la maestra. Otra vez estaba acurrucada detrás de su escritorio mientras los alumnos estaban en total desorden...

—Señorita... ¿Qué pasó? ¿No se acuerda de mí?

—Sí, señor, ¡cómo olvidarme! Qué suerte que haya regresado. No encuentro el corcho. ¿Dónde lo dejó?

Sé el maestro de vida de tu hijo; lleva siempre un corcho.

¿Qué es lo que te habría gustado aprender?

Siempre me acuerdo del día en que alguien intentó explicarme los tipos de interés de una hipoteca. Me perdí por completo; mi interés, irónicamente, era nulo. No entendía nada. Si piensas en ello, seguro que a ti también te habría encantado aprender algo; tal vez a hablar en público sin miedo, o el que tus padres te enseñaran cómo hacerlo. Quizá todavía te tiemblan las manos o tartamudeas al exponer un trabajo ante tus compañeros a pesar de que seas un informático brillante y con experiencia.

Aunque guardo un maravilloso recuerdo de muchos de mis profesores, como de don Paco, mi profesor de primaria, mis mayores maestros siempre han sido mis padres, mis verdaderos maestros de vida. Ellos me enseñaron lecciones esenciales que no se aprenden en la escuela: la empatía y la filantropía; cómo realizar las tareas del hogar, ya sea planchar o cocinar de manera saludable y divertida, y cómo cuidar mi cuerpo y, sobre todo, mi salud mental.

Por tanto, recordad que vosotros, papás y mamás, sois el mayor referente para vuestros hijos. En la vida no solo necesitarán las matemáticas, sino también otras habilidades que les permitan ser adultos sanos en una sociedad estresante y repleta de novedades y oportunidades.

No obstante, para ayudaros en esta tarea, en este capítulo he querido recopilar las que considero que deberían ser las materias esenciales del cole de vida. Para ello, he contado con la colaboración de expertos y especialistas en cada área que nos ofrecerán algunas claves y consejos prácticos:

- **Educación emocional:** Sara Hernández Cano, educadora emocional, educadora infantil, fundadora de Educandoatulado y autora de *Chispas descubre las emociones*, nos hablará sobre cómo desarrollar esta habilidad fundamental.

- **Educación financiera:** Rubén Galán Marqués, economista por la Universidad Carlos III y asesor financiero EFPA, nos explicará su importancia en la infancia, y Víctor Galán, cofundador de Planeta Bolsa y de VictorGalanBolsa.com y autor de *Dependencia financiera*, compartirá actividades para trabajar este tema en casa.

- **Nutrición:** Gemma Comín, del Departamento de Creación de Eventos de Elianco Gourmet, nos dará trucos para enseñar a los niños a cocinar de manera saludable.

- **Sostenibilidad:** Ana Castellano, economista y gerente de Educación en la Fundación Repsol, nos mostrará que este concepto va mucho más allá del reciclaje.

- **Tecnología e innovación:** María Comín, directora de Educación Preuniversitaria de Microsoft España y ganadora del Globant «Women that Build Awards» 2024 de EME en la categoría Tech Executive, nos presentará al jugador número 12.

- **Primeros auxilios**: como auxiliar de enfermería titulada, yo misma compartiré mi experiencia y consejos básicos pensando en los más pequeños.

- **Oratoria**: David Martín García, fundador y mentor del movimiento educativo de Eliteduca, maestro de primaria y creador de contenido educativo de entretenimiento, nos enseñará actividades divertidas para que los niños aprendan a hablar en público.

- **Filantropía y valores**: la Fundación Aladina nos hablará de la empatía y la solidaridad, pilares esenciales en la educación en valores de nuestros niños.

- **Creatividad**: de nuevo, yo misma, como apasionada del arte, exploraré cómo la pintura y la música alimentan los sueños desde la infancia.

- **Labores del hogar**: porque en la vida también hay que enfrentarse a clavos y planchas, os mostraré cómo enseñar estas habilidades básicas a vuestros hijos.

***

Para ser adultos sanos, es fundamental aprender desde la primera infancia a reconocer, gestionar y también disfrutar de nuestras emociones. Llorar es tan válido como reír; de hecho, a veces lloramos de la risa. Así que, permítete llorar delante de tu hijo o hija; no pongas cadenas a tus sentimientos. Desde casa, como maestros de vida, podéis fomentar la salud mental de los peques con actividades sencillas, como nos propone Sara.

1. Educación emocional, de Sara Hernández Cano

Cuando pensamos en la educación de nuestros hijos, solemos imaginar libros, asignaturas, evaluaciones, calificaciones y mochilas cargadas de lápices de colores. Pero hay una asignatura que, aunque todavía no esté en los planes de estudio tradicionales, es fundamental para la vida: la educación emocional. Y lo mejor de todo es que ¡no tiene horarios!

Se aprende y enseña en todo momento, de manera transversal, y no solo en la escuela o en casa, sino que se enseña en cada gesto de cariño, en cada desacuerdo y en cada logro. Aunque no tenga libros ni exámenes, es esencial para la vida. Y sí, madres, padres y docentes, esta asignatura también es para nosotros.

La educación emocional

Cada vez escuchamos más términos como *emociones, inteligencia emocional, educación emocional* o *conciencia emocional*. Pero ¿por qué esta atención creciente? Pues porque, gracias a los avances en neurociencia y neuroeducación, ahora entendemos mejor la relevancia de nuestras emociones, que siempre han formado parte de nuestra vida, pero no siempre han sido valoradas como merecen. Entonces, ¿qué ha cambiado? ¿Por qué es tan necesario desaprender y aprender a educar desde una conciencia emocional?

Para comprenderlo mejor, hagamos un viaje en el tiempo y volvamos a cuando estábamos en el vientre materno. Es difícil, si no imposible, de recordar, pero sí que podemos imaginarlo: el vientre materno es un lugar seguro donde el bebé se desarrolla y crece a su propio ritmo. A partir de la séptima semana de gestación, el cerebro del bebé empieza a formarse y comienza a percibir lo que ocurre a su alrededor. A través de su madre, experimenta sus primeras emociones, gracias a hormonas y neurotransmisores como la oxitocina, la dopamina, la serotonina y el cortisol. Esto se traduce en emociones básicas como la alegría, la tristeza, la calma o la ansiedad.

Tras estas primeras experiencias emocionales, cuando el bebé llega al mundo, se encuentra con que las emociones son su principal forma de comunicación. Es a través de ellas como se relaciona y aprende de su entorno. Así, si las emociones son lo primero que nos acompaña en la vida, lo que nos permite comunicarnos con los demás y aprender del mundo que nos rodea, no hay duda de que la educación emocional debería ocupar un lugar central en nuestras vidas.

La importancia de educar en emociones desde la primera infancia

Imagina que las emociones son como los ingredientes de una receta de cocina. Si, desde que son pequeños, enseñamos a nuestros hijos cómo manejar esos ingredientes (un poquito de felicidad, una pizca de tristeza, un chorrito de enfado), les daremos la mejor receta para la vida. ¿Y sabes qué? Si nosotros, los adultos, también aprendemos a mezclar bien estos ingredientes, nuestros hijos seguirán nuestro ejemplo. Porque, al final del día, más que enseñarles, lo que hacemos es mostrarles cómo se hace con nuestro ejemplo.

Desde una edad temprana, los niños lo absorben todo como esponjas, incluidas nuestras reacciones emocionales. Si les mostramos que todas las emociones son válidas, que no pasa nada por sentirse triste, asustado o enfadado, y que lo importante es saber manejarlas, les daremos herramientas clave para convertirse en personas emocionalmente inteligentes y equilibradas.

El papel de las familias y de los docentes en la educación emocional

Tanto en casa como en la escuela, nuestro papel es el de un jardinero. Este no puede forzar que una flor crezca, pero sí que puede regarla, darle luz y quitarle las malas hierbas. Del mismo modo, tampoco nosotros podemos controlar las emociones de nuestros hijos, pero sí que podemos ayudarlos a conocerlas, identificarlas, comprenderlas y gestionarlas.

¿Y cómo lo hacemos? Con mucha calma, mucho amor y un poco de humor, y recordando que no tenemos que ser perfectos. Porque, admitámoslo: nosotros también tenemos días de «pataleos emocionales». ¡Y no pasa nada!

Así, debemos ser conscientes de que ser madre, padre o docente no es fácil, y de que ningún niño viene con manual de instrucciones, pero, aun así, podemos acompañar a nuestros hijos o alumnos en su educación emocional con algunas pautas prácticas:

- *Validar emociones*: reconoce y valida las emociones de los niños. Frases como «Entiendo que estés triste» o «Es normal sentirse así» los ayudan a sentir que sus emociones son legítimas y aceptadas.

- *Modelar conductas*: los niños aprenden observando, por lo que mostrarles cómo manejamos nuestras propias emociones en situaciones difíciles es una enseñanza poderosa. Si un adulto expresa su frustración y busca soluciones con calma, el niño aprenderá a hacer lo mismo.

- *Crear espacios de diálogo*: dedica momentos concretos del día para hablar sobre cómo nos sentimos. Procura que sea un rato tranquilo, ya sea durante la cena, antes de dormir o en cualquier otro momento.

- *Uso de cuentos y juegos*: los cuentos y los juegos son recursos maravillosos para enseñar sobre emociones. Hay muchos libros infantiles, como *Chispas descubre las emociones*, *El monstruo de colores*, *Tengo un volcán y no quiero respirar*, entre otros, que abordan temas emocionales de manera sencilla y accesible para los más pequeños.

- *Actividades creativas*: dibujar, pintar o hacer manualidades son actividades que permiten a los niños expresar emociones que a veces no son capaces de verbalizar.

Actividades en torno a las emociones

El tarro de las emociones

Necesitarás un tarro y tiras de papel de diferentes colores, o ilustraciones que representen las emociones. Al final del día, antes de acostarse, cada miembro de la familia puede elegir una ilustración o escribir en una tira cómo se sintió en algún momento y por qué. Luego, meted las ilustraciones o los papeles en el tarro y, al finalizar la semana, podéis revisar todas las emociones que habéis experimentado. Con esta actividad favorecemos la identificación y comprensión de nuestras emociones, además de fortalecer los vínculos familiares y crear momentos únicos juntos.

El abrazo de la calma

Esta técnica, sencilla y efectiva, es ideal para ayudar a los niños a gestionar sus emociones, sobre todo en momentos de frustración o tristeza. Y es que, cuando son pequeños, necesitan nuestra guía y corregulación. Puedes empezar diciéndole: «Entiendo que estés enfadado o triste, ¿necesitas un abrazo?» y, a continuación, seguir estos pasos:

1. Rodéalo con tus brazos y, juntos, inhalad y exhalad profundamente.
2. En la siguiente respiración, alarga un poco más la inspiración y la exhalación.

3. Repite una vez más, y haz la respiración más lenta y prolongada.

4. «Vibrad» juntos para liberar y distender la tensión acumulada.

Al terminar, pregúntale si se siente mejor o si necesita repetir. Esta técnica no solo ayuda a los niños a calmarse, sino que también refuerza el vínculo emocional, al transmitir seguridad y amor desde la corregulación.

La educación emocional es una asignatura sin horarios, que se enseña y aprende cada día, y todos estamos en constante aprendizaje. De este modo, cuando ayudamos a nuestros hijos a entender y gestionar sus emociones, también aprendemos nosotros. Así que adelante, con paciencia, humor y mucho mucho amor, porque educar con el corazón es la clave para formar a personas emocionalmente fuertes y felices.

·)))⟩⟩⟩⟨⟨⟨(·

Desde pequeña, siempre he valorado la importancia de las finanzas personales, y tener un hermano economista ha sido una gran ventaja. Si enseñamos a los niños desde una temprana edad conceptos básicos como el ahorro, el gasto o la inversión, les daremos herramientas para que, cuando sean adultos, sean responsables e independientes en la gestión del dinero, y sepan valorarlo y administrarlo siempre con inteligencia y sensatez.

En este apartado, Rubén Galán nos hablará de la importancia de la educación financiera, mientras que Víctor Galán compartirá actividades para realizar en familia.

2. Educación financiera, de Rubén Galán

Hoy en día, los periódicos y las revistas nos bombardean con información sobre la prima de riesgo, el caso Bankia, los tipos de interés, los rescates bancarios y el famoso déficit público. Vivimos rodeados de conceptos económicos que, en muchos casos, nos resultan incomprensibles. Sin embargo, tomamos cientos de decisiones al cabo del día que repercuten en nuestra economía, y lo hacemos sin tener una educación financiera y económica básica que nos permita tomarlas de manera totalmente racional.

La mayoría de nosotros no sabemos hacer un presupuesto mensual de ingresos y gastos, no comprendemos cómo funcionan las tarjetas de crédito y las de débito, y desconocemos las consecuencias del endeudamiento y los problemas de tener la cuenta en descubierto. Además, no somos conscientes de lo valioso que puede ser contar con un colchón de ahorro para imprevistos y, por supuesto, tampoco entendemos la relación entre la rentabilidad y el riesgo en las inversiones.

Es cada vez más necesario, pues, educar en economía. Si, desde temprana edad, los niños aprenden sobre el concepto del dinero, sus características y su valor, más adelante entenderán mejor otros conceptos como el consumo ético y responsable, el ahorro o las distintas formas de tratar el dinero (ganar, invertir, gastar, ahorrar...).

Sin esta educación, en cambio, es muy fácil caer en el error de gastar más de lo que se debe, no ahorrar lo suficiente o no entender el verdadero valor del dinero. Por tanto, necesitamos un conocimiento más amplio, pues solo así seremos capaces de tomar decisiones económicas que no estén influenciadas por factores externos.

No obstante, no basta con adquirir conocimientos financieros y económicos, sino que también es necesario ser conscientes de los sesgos emocionales y los patrones de conducta que nos llevan a tomar decisiones irracionales.

Estos sesgos y trampas mentales condicionan nuestra forma de pensar y actuar más de lo que creemos, y el simple hecho de conocerlos nos ayudará a evitarlos. Si no, ¿cómo es posible que una persona que se hace rica de repente vuelva a ser pobre en un plazo medio de cinco años? ¿O por qué pensamos que nuestro piso siempre vale más que el del vecino si en realidad son iguales?

En definitiva, una educación financiera sólida nos permitirá tomar decisiones económicas más acertadas, administrar mejor nuestros recursos, expandir nuestro patrimonio y, finalmente, mejorar nuestra calidad de vida.

Cómo enseñar a los niños el valor del dinero

Inculcar el valor del dinero a los niños va más allá de ahorrar; se trata, en cambio, de enseñarles conceptos y hábitos que puedan incorporar a su vida diaria, igual que se hace con la dieta o la higiene. Algunas estrategias son las siguientes:

- **Fomentar el hábito del ahorro**: fijar un objetivo de ahorro concreto siempre da buenos resultados. Por ejemplo, podemos animar a los pequeños a guardar dinero poco a poco para comprar algo que les haga mucha ilusión. Este primer paso les enseña a ser constantes y les muestra que el esfuerzo tiene una recompensa.

- **Enseñarles a comprar de manera inteligente**: es importante que aprendan a ser consumidores responsables y que eviten comprar todo aquello que se les antoje. Para ello, es muy útil introducir la filosofía de comparar precios y evaluar distintas opciones, así como analizar las características de un producto para ver si realmente cumple con lo que necesitamos.

- **Aprovechar las aplicaciones de educación financiera**: hoy en día existen aplicaciones de educación financiera que convierten el aprendizaje en algo divertido y efectivo. Algunas recomendadas son Savings Spree (para niños mayores de siete años), Renegade Buggies (a partir de los seis años) o Celebrity Calamity (a partir de los siete años).

Sin embargo, lo más importante es dar ejemplo: tomar buenas decisiones financieras y compartirlas con ellos, así como hablar abiertamente sobre dinero con ellos, ya que así, poco a poco, desarrollarán una relación sana e inteligente con él desde pequeños.

Actividades financieras para realizar con tus hijos, por Víctor Galán

Pasapalabra financiero de la A a la Z

- **A**: Dinero que guardas para usar en el futuro.
  Respuesta: Ahorro.

- **B**: Lugar donde las personas guardan su dinero de forma segura.
  Respuesta: Banco.

- **C**: Dinero que usas para comprar cosas o pagar servicios.
  Respuesta: Capital.

- **D**: Billetes y monedas que usas para pagar.
  Respuesta: Dinero.

- **E**: Gasto pequeño o innecesario que podrías evitar.
  Respuesta: Extra.

- **F**: Papel que te dan cuando compras algo.
  Respuesta: Factura.

- **G**: Lo que haces con tu dinero cuando compras algo.
  Respuesta: Gasto.

- **H**: Lugar donde vives y que pagas cada mes, que puede ser de propiedad o alquilado.
  Respuesta: Hogar.
- **I**: Dinero que recibes por prestar tu dinero al banco.
  Respuesta: Interés.
- **J**: Persona para la que trabajas si quieres ganar dinero.
  Respuesta: Jefe.
- **K**: En tu factura de la luz, te cuentan la energía por los...
  Respuesta: Kilovatios.
- **L**: Lo que tendrías si fueras rico y millonario.
  Respuesta: Libertad.
- **M**: Dinero físico redondo que ganas o gastas y que se usa para pagar.
  Respuesta: Moneda.
- **N**: Pago mensual que recibe un trabajador.
  Respuesta: Nómina.
- **O**: Cuando compras algo porque está más barato de lo normal.
  Respuesta: Oferta.
- **P**: Plan para organizar cuánto dinero puedes gastar y cuánto puedes ahorrar.
  Respuesta: Presupuesto.
- **Contiene la Q**: Carta del Estado que solicita información económica.
  Respuesta: Requerimiento.

- **R**: Guardar dinero para el futuro sin gastarlo.
  Respuesta: Reserva.
- **S**: Dinero que pagas para proteger algo.
  Respuesta: Seguro.
- **T**: Dinero que pagas al Gobierno para financiar servicios públicos, como escuelas y hospitales.
  Respuesta: Tributos.
- **U**: En inglés, cosas que compras y que usas en la vida diaria, como comida, agua o electricidad.
  Respuesta: *Utilities*.
- **V**: Lo que cuesta algo.
  Respuesta: Valor.
- **W**: En inglés, palabra que se usa para referirse a la riqueza o al conjunto de cosas valiosas que tienes.
  Respuesta: *Wealth*.
- **Contiene la X**: Acción de emitir o entregar una factura.
  Respuesta: Expedir.
- **Y**: Letra que se usa para referirse a los años de ahorro que pueden ser necesarios para alcanzar una meta financiera.
  Respuesta: Años de ahorro.
- **Z**: En inglés, lo que te queda cuando gastas todo tu dinero.
  Respuesta: *Zero*.

Organiza tu presupuesto

· El juego consiste en que cada niño tiene un presupuesto de 10 € para gastar, y ellos deben decidir qué comprar, pero también asegurarse de ahorrar una parte, ya que cada euro ahorrado se duplicará al siguiente año. Para llevar las cuentas, podéis elaborar una lista de gastos con la que saber cuánto ha gastado y ahorrado cada uno.

Una vez hecha su elección, deben reflexionar sobre cuánto dinero les queda y cómo se sienten: ¿están contentos con lo que compraron?, ¿por qué lo compraron?, ¿les habría gustado ahorrar más?

A los niños les encanta cocinar, y están preparados para empezar a ayudar desde muy pequeños: pueden lavar una patata, pintar con huevo una empanada o realizar otras tareas sencillas bajo la supervisión de un adulto. Estas actividades, además de fomentar su autonomía, conectan con metodologías como la Montessori, que destacan la importancia de implicar a los niños en tareas prácticas.

Sin embargo, cocinar no solo es divertido, también es una habilidad esencial que a muchos nos habría gustado aprender en el colegio, sobre todo para saber preparar platos saludables en un entorno cada vez más lleno de comida rápida. Por eso, conocer recetas, experimentar en la cocina e incorporar alimentos beneficiosos para su salud es un aprendizaje valioso para los más pequeños.

En este apartado, Gemma Comín, de Elianco Gourmet, nos enseñará los beneficios de una alimentación equilibrada, y, como en su empresa son expertos en actividades y formación, compartirá una receta de lo más divertida.

3. La importancia de la alimentación saludable en la infancia, de Gemma Comín

Hoy en día, a menudo olvidamos la importancia de una alimentación saludable, pues no se trata solo de comer, sino de nutrir nuestro cuerpo y nuestra mente. Así, poco a poco perdemos el gusto por alimentos frescos y saludables, y recurrimos a opciones rápidas y procesadas para ahorrar tiempo y poder hacer otras actividades que creemos que son más relevantes que comer bien.

Pero ¿acaso hay algo más esencial que aprender a nutrirnos y enseñárselo a nuestros pequeños? Cocinar en familia, pues, no es solo una tarea práctica, sino un acto de amor y aprendizaje compartido. Así, involucrar a los niños en la preparación de alimentos saludables aumenta la probabilidad de que coman verduras, frutas y otros alimentos sanos a la vez que fortalece los lazos familiares. La cocina se convierte entonces en un espacio donde surgen conversaciones valiosas y se comparten pensamientos y sentimientos.

Además, fomentar hábitos alimenticios saludables desde la infancia es crucial para su desarrollo cognitivo y físico, pues los patrones de conducta alimentaria que adquieren de pequeños los acompañarán durante toda su vida adulta. Por ese motivo, educar en nutrición desde la infancia es una asignatura pendiente que debemos ofrecerles.

Actividad de cocina saludable: *frutipizza*

Preparar una *frutipizza* es una actividad divertida y perfecta para compartir en familia, sobre todo en verano, cuando solemos tener más tiempo libre. Con ingredientes sencillos y frutas de temporada, disfrutaréis de una tarde muy divertida.

Ingredientes: sandía, plátanos, arándanos, frambuesas, kiwis y cualquier otra fruta que tengamos en casa.

Corta una rodaja gruesa de sandía para que sea la base de la *pizza* y entre todos ponedle las frutas como si fueran los ingredientes típicos de una *pizza*: el jamón lo sustituís por trozos de kiwi; el queso, por rodajas de plátano; los tomates *cherry*, por frambuesas y arándanos... ¡Ya podéis disfrutar de vuestra *frutipizza* saludable y casera!

Ha llegado el momento de que la sociedad tome conciencia y revalorice la importancia de una alimentación saludable. Cocinar y compartir en familia nos permite disfrutar de momentos únicos a la vez que transmitimos conocimientos esenciales sobre la diferencia entre simplemente comer o nutrirse de verdad. Plantemos la semilla para que los más pequeños aprendan a valorar los alimentos y creemos hábitos saludables que los acompañen toda la vida.

∗⟩⟩⟩⟩⟨⟨⟨⟨⟨∗

Cuando hablamos de sostenibilidad y de cómo enseñarla a los niños, a menudo pensamos de manera automática en el reciclaje. Sin embargo, cuidar el planeta es mucho más que eso: es una responsabilidad sin horarios que debemos asumir todos para proteger el futuro de nuestros peques. Ana Castellano, gerente de educación de la Fundación Repsol, nos enseña cómo los niños pueden aprender y entender desde casa lo que es la verdadera sostenibilidad.

4. Sostenibilidad, de Ana Castellano

La transición ecológica justa e inclusiva, con la sostenibilidad como eje central, es un desafío global que cada vez es más importante para todos. Cuando pensamos en el futuro de nuestros niños y jóvenes, es fundamental no solo el trabajo que hagamos hoy para preservar y mejorar el planeta, sino también la concienciación y la formación que les proporcionemos para que interioricen el cuidado de los recursos naturales como un hábito cotidiano.

La sostenibilidad está «de moda», y todo el mundo habla de ella, de su importancia y de los desastres que pueden ocurrir si no la tenemos en cuenta. Sin embargo, a pesar de que todos parecen tener una opinión al respecto, a menudo falta información contrastada y respaldada científicamente. Pero la sostenibilidad no es ideología ni opinión; es, en cambio, respeto y conocimiento. Por eso, es imprescindible la educación de calidad en torno a este concepto.

Así pues, es fundamental conocer los principales retos a los que nos enfrentamos como sociedad respecto a la sostenibilidad para poder explicárselos a los pequeños, ya que, si entendemos el qué y el para qué, es mucho más fácil motivarlos e implicarlos. En este sentido, cuando repetimos sin cesar a nuestro hijo de tres años: «Cierra el grifo mientras te lavas los dientes», lo percibe como una orden más entre muchas otras. En cambio, si usamos fichas con dibujos de colores atractivos en diferentes actividades cotidianas en las que se utiliza el agua y dedicamos un ratito a hablar con él sobre sus implicaciones, todo cambia.

De este modo, puede entender y visualizar que, por ejemplo, si no cierra el grifo mientras se lava los dientes, con el agua que cae podría llenar un cubo lo bastante grande como para que todos sus compañeros también pudieran lavarse los dientes. Y podemos reflexionar juntos sobre el agua que se pierde y que nadie más puede usar por el simple hecho de no cerrar el grifo. El niño que ha entendido esto no solo cerrará el grifo mientras se lava los dientes, sino que les recordará a sus padres, a sus amigos y a otros familiares que también lo hagan. Así, habremos dado un paso más hacia el uso eficiente de los recursos naturales escasos.

La sostenibilidad es respeto y conocimiento

Si entendemos, es más fácil que respetemos. Por eso es esencial enseñar a nuestros niños los retos a los que nos enfrentamos como sociedad en torno a la sostenibilidad. Para ello, es clave fomentar su creatividad, comunicación y trabajo en equipo para que se sientan protagonistas y responsables del cambio.

¿Qué podemos hacer con los cartones y papeles que hemos utilizado y ya no necesitamos? Eran las cajas que contenían los libros para este curso y papeles de regalo preciosos con los que envolvimos los regalos del último cumpleaños. Tenemos varias opciones: podemos tirarlos a la basura, sin reciclar, aunque será difícil recuperarlos; podemos reciclarlos en el contenedor azul para que ese papel y cartón se procesen y puedan reutilizarse, o podemos transformarlos en algo nuevo.

Esta última opción puede ser, por ejemplo, quitarles las solapas a las cajas, forrarlas con los papeles y convertirlas en organizadores para juguetes, cuadernos o materiales. De este modo, enseñamos a los niños a reciclar y a reutilizar de una manera lúdica y significativa, lo que les permite interiorizar estos conceptos para que, en el futuro, cuando necesiten una botella para el agua, reutilicen una que iban a tirar y la decoren con pinturas para darle una segunda vida.

Actividades como esta, junto con la lectura sobre cómo niños de otras épocas —desde la prehistoria hasta la época romana y griega— gestionaban los recursos y las diferentes fuentes de energía, despiertan en los niños la curiosidad y la creatividad. Al aprender cómo otros resolvieron los desafíos de su tiempo gracias a la ciencia, pueden inspirarse para imaginar soluciones innovadoras a los problemas actuales y futuros. Con todo ello, contribuiremos a construir un planeta más sostenible, porque estamos formando a futuros ciudadanos más y mejor informados, más respetuosos y comprometidos con el cuidado de su entorno.

Al fin y al cabo, los niños aprenden lo que nos ven hacer, por lo que nosotros también debemos ser sostenibles, y debemos serlo porque somos respetuosos y porque comprendemos lo que cada uno de nosotros, de manera individual, puede aportar para sumar como equipo, como familia, como sociedad. Porque la sostenibilidad es, como decía, respeto y conocimiento.

❊❊❊❊❊

¿Tecnología sí o tecnología no? La respuesta es un sí rotundo, pero siempre que sea de manera responsable y educativa. Los niños crecen en un entorno en el que ven a los adultos, sus principales referentes, pasar gran parte del día frente al ordenador o con el móvil en la mano.

Por ello, necesitamos no solo aprender informática, sino cómo incorporar desde la infancia una educación sobre tecnología saludable. Y María Comín, sin duda, puede ofrecernos valiosas pautas para lograrlo.

5. Tecnología e innovación, de María Comín

Vivimos en una era en la que la tecnología es una parte esencial de nuestras vidas. De hecho, resulta casi imposible imaginar un día sin internet o redes sociales. Los adultos utilizamos el móvil para cosas tan cotidianas como recordar fechas de cumpleaños, consultar el pronóstico del tiempo a las ocho de la mañana para evitar que nuestros peques pasen calor o frío, e incluso para cursar un máster *online* de una disciplina que solo se imparte en Chicago... Me pregunto qué pensarían mis abuelos de esto...

Sin embargo, el mundo al que se enfrentarán nuestros hijos no es el mismo en el que crecimos nosotros, por lo que no podemos eliminar la tecnología ni cerrar los ojos a la realidad. Nuestro papel como padres y madres es, por ello, muy relevante: debemos acompañarlos y ayudarlos a tomar las mejores decisiones.

Si se usa de manera adecuada, la tecnología ofrece numerosos beneficios. Así, podemos diseñar un aprendizaje personalizado y adaptado a cualquier necesidad particular para apoyar el desarrollo de competencias básicas como el lenguaje, la comprensión lectora o las matemáticas.

Por ejemplo, aprender a leer puede ser muy frustrante para un niño con dislexia si no dispone de herramientas que presenten un texto claro o con un narrador que lo guíe en las primeras lecturas. Y la tecnología puede ser de gran ayuda, ya que existen aplicaciones con funcionalidades como la lectura en voz alta o diccionarios visuales que pueden transformar el aprendizaje de estas personas.

En las aulas de cualquier ciudad o pueblo, donde lo habitual es que convivan varios niveles de lectura diferentes que dificultan la tarea del profesor, la tecnología y la inteligencia artificial pueden ofrecer ejercicios de lectura adaptados a cada estudiante, lo que puede aumentar la motivación y despertar el gusto por la lectura. ¿Hay algo más bonito que ver una biblioteca llena de caritas sonrientes disfrutando de historias y aventuras asombrosas?

Asimismo, la tecnología también puede aplicarse para fomentar la creatividad a través del dibujo, la música y otras expresiones artísticas, y los juegos interactivos pueden ayudar a desarrollar la memoria, la concentración y las habilidades para la resolución de problemas.

Sin embargo, nuestro papel como padres debe ser el de guiarlos en esta nueva aventura para que así aprendan a interactuar con la tecnología de forma segura, adecuada para su edad y con un propósito claro. En mi caso, una de mis aplicaciones favoritas para jugar con mis hijos es Microsoft

Reading Coach. A través del juego, con esta herramienta crean pequeñas historias únicas para las que deben elegir al personaje, los entornos e incluso el desenlace al final de cada capítulo. Así, mientras nos divertimos, mejoran su fluidez lectora y su pronunciación gracias a la inteligencia artificial.

¿Y cómo podemos asegurarnos de que utilicen la tecnología de forma adecuada?

Mi primera recomendación es acompañarlos siempre que usen dispositivos tecnológicos, ya que eso no solo asegura su seguridad, sino que también nos permite interactuar y aprender junto a ellos. Debemos mostrarles las opciones para que aprendan a interactuar con la tecnología de manera segura, apropiada para su edad y con un propósito claro.

Para ello, es fundamental que los dispositivos que utilicen respondan solo a necesidades educativas y cuenten con aplicaciones adaptadas a su edad y a su desarrollo individual. Y debemos evitar las aplicaciones con publicidad, enlaces o que usen los datos de forma lucrativa, por lo que, antes de descargar cualquier aplicación, es importante revisar las políticas de privacidad y los términos de uso para garantizar que protejan la información personal del menor.

La segunda recomendación está relacionada directamente con el modo en que los niños aprenden: por imitación.

Por eso, debemos usar la tecnología de manera razonable, en el momento adecuado y con la duración justa, para que sigan nuestro ejemplo y aprendan a establecer límites. Como dicen los nutricionistas, «un poco de todo y nada en exceso». Tenemos que crear un equilibrio perfecto con otras actividades, como el juego al aire libre, los deportes o la lectura. La tecnología es, en definitiva, una herramienta muy poderosa para el desarrollo y la educación de nuestros hijos, y, como padres, nuestro papel es acompañarlos y guiarlos en este camino, para que conozcan su uso responsable, saquen el máximo provecho de ella y se convierta en su aliada. Por eso, me gusta decir que la tecnología es el jugador número 12 de nuestro *family team*.

⸙

6. Primeros auxilios, de Mirian Galán

Hace unos años, en una escuela donde trabajaba, ocurrió un incidente que parece sacado de un cuento, aunque es una historia real. Una compañera, mientras estaba en el aula de los niños de tres años, se golpeó la cabeza contra el pico de una ventana abierta. La herida comenzó a sangrar profusamente y, al notar la sangre en la cara y tocarse la cabeza, la profesora perdió el conocimiento en medio del aula, con veinte niños correteando a su alrededor.

Mi clase estaba al lado de la suya y, de repente, una niña apareció en mi aula, asustada, y me dijo que la maestra no hablaba. Acudí al momento a socorrer a mi compañera y a tranquilizar a los peques, y en ese momento me di cuenta de la enorme importancia de tener conocimientos en primeros auxilios desde la primera infancia.

Desde entonces, decidí formarme como auxiliar de enfermería, no solo porque me interesan los cuidados relacionados con la salud, sino también para trasladar esos conocimientos a mis alumnos. Además, esta formación me permite fomentar en el aula una cultura de la prevención y ayudar a las familias con temas básicos de enfermería.

Cosas que podemos enseñar a los niños desde pequeños

- *Botiquín*: debemos mostrarles los elementos básicos del botiquín y dónde lo guardamos en casa, aunque, según la edad del pequeño, les enseñaremos más o menos. Por ejemplo, a un niño de dos o tres años podemos enseñarle las tiritas, que les encantan, y cómo usarlas de manera correcta, así como también a limpiar una pequeña herida con suero fisiológico.
- *El pulso*: tenemos que enseñarles a localizar el pulso o, por lo menos, a notarlo. Para ello, pedimos a los niños que caminen un poco por la habitación y, cuando paren, deben tomarse el pulso o tratar de notarlo. También pueden realizar algún tipo de ejercicio para percibir

cómo aumenta la frecuencia cardíaca con la actividad física o bien utilizar un reloj deportivo, que es mucho más visual.

- *El 112*: es muy importante que conozcan el número de teléfono que deben marcar si se encuentran ante una urgencia. Además, para facilitar la tarea a los profesionales, lo mejor es que también sepan identificarse, conozcan su dirección y, en la medida de lo posible, puedan explicar qué ha ocurrido. Memorizar el número 112 es muy sencillo, e incluso existen trucos nemotécnicos para que les resulte más fácil, como recordar que tienen una boca, una nariz y dos ojos.

Actividades y juegos

El juego simbólico como aliado

El objetivo es enseñar, de una manera lúdica y pedagógica, cómo actuar ante distintas situaciones de riesgo. Para ello, puedes utilizar muñecos o el peluche favorito del niño.

Plantea casos de accidentes en escenarios cotidianos y pide al niño que, en cada situación, identifique las acciones necesarias para socorrer a la persona implicada. Por ejemplo, puede aprender a frenar una pequeña hemorragia usando suero o Betadine (según su edad y los instrumentos del botiquín que le hayamos enseñado) y a colocar una tirita o un pequeño vendaje. También podemos mostrarle cómo actuar ante una quemadura, y explicarle que no se debe retirar la ropa ni poner nada directamente en la quemadura.

En cada caso, describe el tipo de accidente, qué elementos debe usar y cómo resolverlo correctamente. A medida que el niño aprende a solucionar los diferentes planteamientos, adquiere nuevos conocimientos sobre cómo actuar de manera adecuada en cada situación.

La canción del 112

Como decía, es importante que los niños sepan que, en caso de emergencia, deben llamar al 112. Para ello, a mis alumnos de dos años les enseño la canción del 112, que cantamos con la música de *Un barquito chiquitito* y que, además de divertida, es pedagógica y una gran aliada. A esa edad ya identifican los números, por lo que, si fuera necesario, serían capaces de llamar y dar la dirección de su casa (que también debemos haberles enseñado). Si son mayores, y tienen ya nueve o diez años, pueden aprender a realizar una RCP de la mano de profesionales de la salud, y esta canción puede adaptarse para que les sirva de ayuda y de guía.

Había una vez una persona dormida (bis)
que no podía, que no podía, que no podía despertar,
ni cuando la llamaban, ni cuando la movían, (bis)
que no podía, que no podía, que no podía despertar.
Hay que pedir ayuda al 112 (bis)
para que venga la ambulancia a darnos la solución.

Nos preguntan a ver si respira.
Para ver si respira, levanto su barbilla.
Para ver si respira, acerco mi mejilla.
Para sentir, para sentir, si echa aire su nariz.
Esto es que respira, que roncan.
Roncan fuerte, acordaos.
Si se mueve el pecho, es porque respira.
Lo pongo de lado para evitar que se pueda atragantar.
Todos hacia nosotros, hay que verles las caras, no los
     culetes.
Pero, si no respira, ¿cómo estaba el corazón?
Pero, si no respira, es que está parado.
Hay que empezar a reanimar, ponte a masajear. (bis)

———————————————————————

De pequeña, sufría muchísimo cuando el profesor me llamaba «a la pizarra» para explicar un ejercicio o presentar un trabajo. Por desgracia, no tenía una base en oratoria que fortaleciera mi autoestima y confianza para transmitir esos conocimientos, así que habría agradecido una asignatura que me enseñara a comunicar. En mi caso, aprendí más adelante, en Magisterio, trabajando con mis alumnos, en las reuniones con las familias...

Entonces entendí la importancia de dominar esta habilidad y la necesidad de desarrollarla en casa y en el aula desde muy pequeños. Así, aunque los niños tengan dos o tres años, podemos practicar con actividades sencillas, como contar un cuento para los compañeros o explicar lo que hicieron el fin de semana con la familia. En este apartado, David Martín, gran orador y creador de Eliteduca, nos habla de la trascendencia de la comunicación y de cómo darle el lugar que se merece en la educación.

7. Oratoria, de David Martín García

¿Cuántas veces has escuchado eso de que una imagen vale más que mil palabras? Probablemente muchas, y en distintos contextos: en la escuela, en casa o en conversaciones cotidianas. Por mi parte, yo quiero hablarte desde mi experiencia como mentor, maestro y educador, pero, sobre todo, desde mi propósito como persona: transmitir un mensaje potente y transformador que impacte de forma positiva en vosotras, las familias.

Así pues, me centraré en una capacidad esencial que todos los seres humanos poseemos: la habilidad de expresar nuestros sentimientos, emociones y opiniones sobre las personas o las situaciones que forman parte de nuestra vida. Es decir, hablaré de la comunicación, una capacidad que nos permite integrar aprendizajes y conectar con los demás, con el objetivo de enseñar a nuestros hijos a comunicarse mejor. Para ello, nos basaremos en tres pilares fundamentales: la confianza, la autoestima y el propósito.

¿Por qué es importante comunicar?

Todos estamos en este mundo con un propósito que descubrimos a medida que crecemos y nos desarrollamos en lo cognitivo, emocional y personal, y alcanzarlo depende, en gran medida, de nuestras habilidades para conectar con quienes nos rodean, y, en concreto, con aquellos que nos permiten crecer y construir nuestra propia percepción de la realidad.

Nuestra percepción, que moldeamos a través de nuestras experiencias y creencias, determina tanto lo que decimos como la manera en que lo decimos, y, por tanto, también el impacto que esto provoca. Por ello, la comunicación es un pilar clave en la educación. Y es que, al fin y al cabo, con ella construimos la realidad de los más pequeños, lo que condiciona tanto su presente como su futuro. Así pues, debemos guiar a nuestros hijos en su desarrollo personal y profesional, y tenemos que hacerlo con mensajes claros, cargados de afirmaciones, preguntas, negaciones, y certezas.

Comunicar vs. transmitir

Ya he mencionado los tres pilares fundamentales: la confianza, la autoestima y el propósito, que son los elementos clave para que nuestros hijos desarrollen la capacidad no solo de comunicar, sino también de transmitir un mensaje con impacto.

Las madres y los padres solemos buscar las herramientas o la «varita mágica» que haga que nuestros hijos se sientan seguros, confiados y libres para expresarse, aunque ellos lo hacen a través de su forma de hablar, de su mirada, del movimiento de las manos o incluso de su forma de ocupar el espacio, ya que todos estos aspectos contribuyen a transmitir lo que piensan y sienten. Y, para ayudarlos en esta tarea, es importante que comprendamos lo que significan estos tres pilares básicos:

1. *La confianza*: nuestros hijos necesitan en general «ver para creer», pero, como adultos y referentes, podemos invertir la lógica y ayudarlos a «creer para ver». De este modo, podemos enseñarles a visualizar cómo se sentirán al transmitir un mensaje. Podemos ayudarlos a imaginar cómo se moverán, en qué orden dirán sus frases, hacia dónde dirigirán su mensaje y cuál será la estructura de su discurso.

2. *La autoestima*: recibir estímulos que refuercen la imagen que tenemos de nosotros mismos nos ayuda a sentirnos más seguros a la hora de transmitir un mensaje. Como adultos, podemos apoyar a nuestros hijos en la construcción de esta imagen para permitirles así que sean capaces de generar un contexto sólido, fluido y cercano para sí mismos.

3. *El propósito*: este concepto responde a la gran pregunta de «¿Para qué sirve nuestro mensaje?». Como transmisores, actuamos como medio para comunicarlo, pero

es esencial tener claro que el objetivo final es lograr que nuestra idea llegue a nuestro entorno o público, por lo que debemos saber presentar el mensaje siguiendo una estructura específica para ese momento.

A continuación, me gustaría compartir dos herramientas prácticas para que, como familias, sepáis ayudar a vuestros hijos a transmitir un mensaje en público de una manera segura, confiable, creativa y auténtica. Os recomiendo coger papel y boli, pero, sobre todo, debéis tener en cuenta que podéis adaptar estas actividades a la personalidad de vuestros hijos y a vuestro contexto, y que no es necesario forzar nada.

Actividades para fomentar la oratoria

Construye tu mensaje con el juego *Just One*

Este juego nos permite enseñar a los niños que para poder transmitir un mensaje es necesario tener unas ideas que funcionen como pilares sólidos para desarrollarlo ante nuestra audiencia.

Para ello, cread vuestras propias cartas, en las cuales plasmaréis el inicio de una historia que tendréis que continuar. Como apoyo, podéis colocar tres pequeños carteles, cada uno con una idea principal distinta, que sirvan como guía para hilar y desarrollar el mensaje.

El objetivo del juego será identificar las tres ideas principales que han inspirado la continuación de la historia.

Dinámica «Así soy yo»

Inspirada en el juego *Just One*, esta actividad invita a los niños a presentar su propio programa, que será muy especial, ya que el objetivo principal será dar respuesta a la pregunta: «¿Quién soy yo?». Para ayudarlos, los padres tendréis que preparar una serie de carteles con ideas principales, como aficiones, estudios, deporte, pasión y familia, y, siguiendo estas pautas, los niños transmitirán su mensaje frente a una cámara (que puede ser de un teléfono móvil). Este ejercicio les permitirá reflexionar sobre su percepción de sí mismos, lo cual es fundamental para desarrollar nuestra confianza y las habilidades de oratoria. Las primeras veces se recomienda que hagan la presentación de pie. De este modo, tendrán libertad de movimiento y podrán canalizar a través de él los posibles nervios o las inquietudes, así como aprovechar la comunicación no verbal como un recurso más. Con el tiempo, cuando sintamos que han ganado seguridad y fluidez, podemos animarlos a sentarse y a transmitir el mismo mensaje desde una posición más relajada.

❦

Como ya he dicho muchas veces, los niños aprenden por imitación, y somos su mayor ejemplo. Por ello, involucrarlos en actos benéficos, voluntariados u otras actividades con un propósito solidario fomenta en ellos la empatía y los vuelve más sensibles hacia los demás. En este sentido, hay fundaciones y asociaciones que promueven este tipo de experiencias con niños y que permiten que las familias participen juntas en actividades voluntarias. Como educadora, siempre recomiendo a los centros escolares realizar actividades en las que los niños sientan que ayudan, que son parte de algo importante y que su apoyo a los que están en situaciones complicadas marca la diferencia.

En este apartado, la Fundación Aladina nos habla de la fortaleza de los niños y de cómo, en muchas ocasiones, ellos se convierten en nuestro mayor ejemplo, un aprendizaje que también deben aprender sus iguales.

8. Filantropía y valores, de la Fundación Aladina

¿Qué hace la Fundación Aladina? Esta fundación trabaja para mejorar la estancia hospitalaria de los niños con cáncer y sus familias porque reconoce que el entorno donde los pequeños pasan largas temporadas influye notablemente en su estado físico y emocional.

Actividades para fomentar la empatía y solidaridad

Los juegos de equipo son excelentes para inculcar el trabajo coordinado y la búsqueda de un objetivo común, pues en ellos se prioriza el bien colectivo sobre el individual. Algunos ejemplos, que, además, pueden convertirse en actividades extraescolares son el balonmano, el baloncesto o el voleibol. Por otro lado, los juegos cooperativos, como la búsqueda del tesoro, cruzar el lago o la cadena, enseñan a los niños la importancia de la ayuda y la colaboración, mientras que los juegos tradicionales, como el escondite inglés, el juego de la cuerda o la soga o el corro, también son útiles para trabajar la solidaridad y fomentar el trabajo en grupo.

Asimismo, los padres pueden promover la participación en actividades solidarias, como contribuir y colaborar en obras sociales, aunque, en definitiva, lo más importante es que los padres sean un ejemplo de solidaridad para sus hijos.

El cáncer infantil se considera a día de hoy una enfermedad rara, puesto que cada año se diagnostican en España «solo» mil quinientos casos, de los cuales, por suerte, el ochenta por ciento se recupera. Sin embargo, los largos tratamientos, el aislamiento social y las secuelas físicas a menudo convierten la vuelta a la vida normal de los niños y adolescentes afectados en un camino largo y lleno de obstáculos.

Por eso, uno de los objetivos fundamentales de la Fundación Aladina es visibilizar el cáncer infantil, normalizar la integración de los pacientes y, sobre todo, concienciar a la sociedad de que el cáncer infantil es una enfermedad a la que todos estamos expuestos y de que su llegada a una familia supone un impacto integral para todos sus miembros, porque sabemos que nuestro apoyo resulta fundamental. Así pues, educar a las nuevas generaciones en valores como la solidaridad o la empatía puede marcar la diferencia.

En un mundo cada vez más interconectado, donde las diferencias y las dificultades forman parte de la vida cotidiana, fomentar la solidaridad y la empatía en los colegios es una necesidad imperante. En Aladina entendemos que estos valores no solo enriquecen la vida de los estudiantes a lo largo de su etapa escolar, sino que también ayudan a crear un entorno más comprensivo y solidario en los propios colegios. Y es que, lamentablemente, todavía hoy muchos niños con enfermedades que afectan a su apariencia externa sufren, en los casos más extremos, acoso, y, casi siempre, algún grado de desconexión social.

La solidaridad, pues, nos impulsa a actuar en beneficio de los demás, a ser conscientes de sus necesidades y a ofrecerles apoyo. En el ámbito escolar, esto se traduce en la creación de una comunidad en la que todos los miembros se sienten valorados y respaldados. La empatía, por su parte, nos permite ponernos en el lugar del otro, comprender sus emociones y experiencias, y responder de manera compasiva. Juntos, estos valores son la base de una convivencia armoniosa y enriquecedora.

Desde la Fundación Aladina, hemos desarrollado varias campañas en colegios con el objetivo de involucrar a toda la comunidad educativa en la visibilización del cáncer infantil. Sin embargo, estas iniciativas no solo buscan recaudar fondos para apoyar a los niños y adolescentes enfermos, sino que también tienen un impacto significativo en la formación de los estudiantes. Al participar en actividades solidarias, los alumnos aprenden a valorar la importancia de ayudar a los demás y desarrollan una conciencia social que perdurará a lo largo de sus vidas.

Una de nuestras campañas más destacadas es el Pañuelo Challenge de Aladina, que organizamos cada 15 de febrero, el Día Mundial del Cáncer Infantil. Ese día, invitamos a los colegios a llevar a cabo una actividad en las aulas de primaria, como diseñar la plantilla de un pañuelo, y otra actividad colectiva para todo el colegio, como ponerse un pañuelo en la cabeza. Año tras año invitamos a los centros a unirse a esta gran ola de solidaridad con la iniciativa que prefieran, siempre con el objetivo de dar visibilidad a la enfermedad, fomentar la colaboración y apoyar a los niños con cáncer.[3]

No obstante, no solo se hacen actividades en febrero, sino que a lo largo de todo el año los estudiantes participan en talleres, charlas y eventos deportivos que buscan sensibilizar sobre el cáncer infantil. Además, estas actividades también tienen el propósito de recaudar fondos, esenciales para que la Fundación Aladina pueda seguir ayudando a niños y

---

3. Si eres padre, madre, miembro del AMPA o trabajas en un colegio y estás interesado en que tu centro se una de manera gratuita al Pañuelo Challenge Aladina, visita www.panuelochallenge.org.

adolescentes con cáncer. Así pues, estas experiencias no solo benefician a los niños que reciben el apoyo, sino que también transforman a los estudiantes en agentes del cambio, capaces de influir positivamente en su entorno. Asimismo, el hecho de involucrar a toda la comunidad educativa —padres, profesores y alumnos— en estas campañas lleva a que se cree un sentido de pertenencia y unidad. Al fin y al cabo, la educación en valores como la solidaridad, la generosidad, la comprensión y la empatía es clave para transformar la sociedad, y en la Fundación Aladina estamos profundamente comprometidos con estos principios, ya que somos testigos del impacto positivo que tienen.

ᐩᗠᗠᗠᐣᐣᗢᗢᗢᐩ

9. Creatividad, de Mirian Galán

La resolución creativa de problemas es una habilidad esencial que trasciende la simple lluvia de ideas. Requiere, en cambio, un enfoque holístico de los desafíos, que combine procesos lógicos con técnicas imaginativas para idear soluciones innovadoras. En un mundo cada vez más complejo e interconectado, la capacidad de pensar de forma creativa y de resolver problemas con perspectivas nuevas resulta invaluable.

A través de la música, los niños pueden expresar sus emociones, desarrollar habilidades cognitivas y fortalecer su concentración. Del mismo modo, el arte también les brinda la oportunidad de explorar diferentes formas de expresión, estimula su imaginación y fomenta el desarrollo motor. Sin embargo, la creatividad no debe limitarse solo a pintar o escuchar música, sino que es un proceso más profundo: supone construir una personalidad a través de la música y elaborar pensamientos divergentes mediante el arte.

En mi aula, la música ocupa un lugar especial. Siempre tengo una Alexa, que ya forma parte de la clase y que me ha dado muchas alegrías, y les pido a las familias que me compartan las canciones que suelen escuchar en casa o en el coche, aunque evitando el lenguaje inapropiado y alejándonos de la típica música infantil. Con ellas, elaboro una *playlist* que suena cada mañana cuando llegan al aula, y eso hace que se sientan como en casa.

Además, esta actividad me permite conocer los gustos musicales de la familia, y también los del peque, que a veces no coinciden con los familiares. Así, descubro la personalidad musical propia de cada niño: a algunos resulta que les gusta el rap y a otros, el *heavy metal*. A mí, por ejemplo, me encanta la ópera, y siempre encuentro un momento en las actividades del aula para incluirla.

Beneficios de estimular la creatividad

Entre los principales beneficios de estimular la creatividad de los niños, destacan los siguientes:

- *Mejora de la autoestima.* Potenciar sus propios recursos creativos les permite confiar más en sus capacidades.
- *Mayor conciencia de sí mismo.* La creatividad ayuda a explorar y comprender mejor nuestras emociones, pensamientos y habilidades.
- *Mejora de la comunicación y la sociabilidad.* Al desarrollar una mayor habilidad para expresar sus sentimientos, los niños se vuelven más receptivos y comprensivos hacia los pensamientos y las emociones de los demás.

La creatividad como herramienta para la resolución de conflictos

La resolución creativa de problemas ofrece numerosos beneficios, tanto a nivel individual como organizacional, y entre las ventajas más destacadas se encuentran:

- *Soluciones novedosas a problemas antiguos*: mirar los desafíos desde perspectivas frescas y combinar diferentes enfoques permite desbloquear soluciones novedosas que antes parecían imposibles.
- *Mayor adaptabilidad en entornos cambiantes*: en un mundo en constante transformación, pensar de un modo creativo nos ayuda a adaptarnos con agilidad y resiliencia a las circunstancias cambiantes.
- *Fomento de una cultura de aprendizaje y mejora continua*: la resolución creativa de problemas no se centra

solo en encontrar soluciones, sino que busca el aprendizaje y la mejora continua. Así, al fomentar un ambiente de curiosidad y exploración, las personas y las organizaciones, además de resolver problemas actuales, se preparan para mantenerse a la vanguardia, listas para enfrentar los futuros desafíos de frente.

Actividades para estimular la creatividad

Visitar museos y exposiciones

Los museos son espacios ideales para inspirar curiosidad. El Museo de Ciencias Naturales suele ser uno de los favoritos de los niños, aunque pasear por el Museo del Prado de Madrid o por cualquier exposición o museo de vuestra ciudad también puede ser una experiencia enriquecedora. Antes de la visita, podéis prepararos viendo imágenes de las obras, pintando láminas relacionadas o incluso viendo un documental adecuado a su edad.

Escuchar música, bailar o acudir a conciertos

La música tiene un efecto casi mágico. De hecho, escuchar música, ya sea solo o en compañía, eleva el ánimo, fomenta la autoestima y nos invita a movernos a su ritmo. Se dice, además, que la música es terapéutica, por lo que fomentar su consumo desde una edad temprana es una inversión en el bienestar emocional y creativo de los niños.

Leer cuentos

Leer cuentos juntos y hacer que los niños participen activamente en la narración estimula su imaginación. Al escuchar el cuento, imaginan los escenarios y los personajes, lo que potencia su capacidad creativa.

---

10. Labores del hogar, de Mirian Galán

¿Sabes clavar un clavo para colgar un cuadro? ¿Podrías pintar las paredes de tu casa? ¿Sabías planchar cuando te independizaste? Y podría seguir con más preguntas del estilo. En mi caso, sabía planchar, aunque no de la mejor manera, y también sabía clavar un clavo, aunque lo hacía siempre con mucho cuidado por el bien de mis preciosas manos y dedos. Por suerte, mis maestros de vida me enseñaron a ser independiente, autónoma y capaz de valerme por mí misma. Cambiar una bombilla, coser un botón o remendar calcetines son tareas cotidianas que, aunque básicas, parecen haberse perdido en el aprendizaje y, sin embargo, todavía son esenciales.

En esta línea, metodologías como la Montessori animan a los niños a ser conscientes de su entorno y a desarrollar su autonomía, pero no podemos olvidar que el mundo está en constante cambio y, con él, las habilidades que debemos aprender. Así, además de aprender a cocinar, hoy en día es igual de importante, por ejemplo, saber conectar el wifi.

Actividades para fomentar la autonomía del hogar

Cuadro de responsabilidades

Crea un cuadro de tareas adaptado a la edad de tu peque. Según su capacidad, podrá asumir responsabilidades como hacer la cama, preparar su desayuno o ayudar a poner la mesa para la cena. En mi experiencia como educadora en una escuela infantil, incluso los niños de dos años son capaces de desarrollar esta autonomía y de responsabilizarse de poner la mesa, desde los cubiertos a los platos, pasando por los vasos e incluso el agua. La tabla de tareas domésticas de Montessori puede orientarte sobre qué es capaz de hacer tu peque.

Tabla de tareas domésticas según Montessori

De los dos a los tres años	De los cuatro a los cinco años	De los seis a los siete años
Guardar los juguetes en la caja. Guardar los libros en su sitio. Poner la ropa sucia en el cesto de lavar. Tirar las cosas a la basura.	Alimentar a las mascotas. Limpiar un derrame de agua. Recoger los juguetes. Hacer la cama. Recoger la habitación. Regar las plantas.	Recoger la basura. Doblar toallas. Limpiar el suelo con la fregona. Vaciar el lavavajillas. Ordenar los calcetines limpios. Quitar las malas hierbas.

De los dos a los tres años	De los cuatro a los cinco años	De los seis a los siete años
Doblar los trapos. Poner la mesa. Ir a buscar los pañales y las toallitas. Quitar el polvo de los muebles.	Limpiar y ordenar los cubiertos. Preparar aperitivos sencillos. Usar la aspiradora de mano. Recoger la mesa de la cocina. Limpiar y guardar los platos.	Recoger hojas secas. Pelar patatas y zanahorias. Preparar una ensalada. Cambiar el rollo de papel de váter.

Fin de semana.
Epílogo

«Habla para que yo te conozca».

SÓCRATES

Numerosos estudios han demostrado que conversar con nuestros hijos, además de enriquecer su vocabulario, también mejora sus habilidades comunicativas. Hablar con ellos crea un entorno ideal para su desarrollo social y emocional. Como dijo Sócrates, «habla para que yo te conozca». No hay, pues, mejor manera de conocer a tu hijo que hablando con él, dedicando tiempo a escucharlo, a acompañarlo, a educarlo.

El mejor regalo que puedes hacerle es pasar tiempo con él, explicarle el mundo desde una perspectiva real, sin tabúes y adaptada a su edad. Recuerda que siempre serás su maestro de vida y que cada minuto, cada segundo de nuestras vidas es un aprendizaje, porque la educación no se limita a un horario. En mi experiencia como educadora, los niños me han enseñado tanto como yo a ellos, y me han mostrado que, juntos, podemos construir un mundo lleno de personas felices y empáticas.

Este libro es un pedacito de mí, y en él he plasmado todas las lecciones que he acumulado a lo largo de los años, las enseñanzas que he aprendido de tantos expertos y que han transformado mi visión del mundo educativo desde que empecé a trabajar con peques, hace ya veinte años. Escribir *Educar sin horario* ha sido una aventura increíble, y espero que hayas encontrado en él muchos consejos y perspectivas nuevas que desconocías.

¿Sabías que leer es una acción realmente beneficiosa para la salud mental de cualquier persona, independientemente de la edad que tenga? Ayuda a ampliar conocimientos; mejora la percepción, la concentración y la empatía, y, además, es fundamental en el desarrollo intelectual y emocional del lector.

El truqui-resumen de la Global Teacher Award

Como broche final, en el siguiente cuadro he recogido respuestas claras y directas a preguntas esenciales que surgen en el día a día con los niños sobre algunos de los temas que he tratado en el libro.

Tema	Pregunta	Respuesta
Enseñar sexualidad	¿Qué hago si alguien quiere tocar mis partes íntimas?	Aunque conozcas a la persona siempre debes decir que NO quieres porque no es correcto, y tú sabrás que no lo es porque esa persona te dirá que no se lo digas a mamá y papá, o te dará golosinas... Esto significa que debes contárselo a papá o mamá inmediatamente.
Atención	¿Sabías que una de las cosas que más hace un bebé es estornudar y lo hacen para limpiar sus vías aéreas?	Lo hacen de manera involuntaria. Tanto la tos como los estornudos en los bebés son actos reflejos que el sistema respiratorio que el bebé realiza, para protegerse de sustancias nocivas.
Buscar soluciones	¿Cómo busco soluciones mediadoras?	Buscar soluciones comunes en que los implicados estén de acuerdo y les pueda servir como ayuda y ejemplo para saber cómo reaccionar ante nuevas discusiones que puedan surgir en un futuro. Ofrecer siempre varias soluciones para que ellos escojan, que les beneficie a ambas partes por igual.

Tema	Pregunta	Respuesta
Dificultades en el aprendizaje de las matemáticas	¿Por qué mi hijo no sabe matemáticas?	A veces el cerebro del niño no está preparado neurológicamente para el desarrollo de las competencias que requiere el pensamiento matemático: **abstracción, atención y ejecución.** • La clave está también en que desde pequeños sepan resolver conflictos solos.
Maestros de vida	¿Qué es lo que te hubiera gustado aprender?	... Recuerda que vosotros, papás y mamás, sois el mayor referente para vuestro pequeño, que no solo las matemáticas son un aprendizaje, y que en su vida deberá aprender a ser adulto sano en una sociedad estresante y llena de novedades y oportunidades.
Conocer	¿Sabías que algunos bebés varones tienen erecciones mientras la mamá los amamanta?	No te alarmes si esto pasa, no es una anomalía. El intenso estímulo neurológico que comporta la succión se conjuga para enviar mensajes al cerebro y se interpretan como placer y activan los reflejos sexuales. Las niñas lactantes también tiene una lubricación vaginal, pero está claro que en los niños es más visible.

Tema	Pregunta	Respuesta
Sexo, orientación sexual y género no son lo mismo	¿Por qué debemos conocerlo?	Porque tu peque seguramente en algún momento quiera hacerse una coleta, pintarse las uñas, ponerse un vestido, una niña ponerse calzoncillos, cortarse muy corto el pelo...
La marcha automatica en bebés	¿Sabías que esta respuesta puede ser observada en el bebé desde el nacimiento, pero en realidad durante el último trimestre del embarazo es cuando comienza a producirse?	Este reflejo es mediado por el sistema nervioso central, y es debido a esta particularidad que es importante su aparición, porque nos indica que sus estructuras cerebrales se están conectando adecuadamente. Además, constituye un movimiento similar al caminar, que logra preparar al cuerpo para los movimientos que se ejecutarán durante el caminar.
Sexo	Mamá, ¿de donde vienen los bebes?	No, no vienen de París, ni los trae la cigüeña. Pregúntale que es lo que sabe y adecua la respuesta a su edad, sin mentiras.

Enfocado en la autonomía, autoestima y responsabilidad de los niños, este libro proporciona herramientas para que los padres sean el pilar fundamental en su crecimiento. Es una guía práctica para educar con amor, sin miedo ni culpa.